짜릿하고 따뜻하게

짜릿하고 따뜻하게

이시은 지음

따뜻한 인간미로 마음을 울리는
일본의 명광고·명카피를 읽는다

Prologue
좋은 생각만 하자

처음 책을 내자는 편집자의 제의를 받았을 때, 정말 많이 망설였습니다.

내가?
겨우 나 정도밖에 안 되는 사람이?
세상에는 나보다 훨씬 더 글을 잘 쓰고,
훨씬 더 많은 경험을 한 사람들이 얼마나 많은데, 내가?

이 책에 담은 글은 블로그에서 처음 태어났습니다.
제가 블로그를 처음 시작한 게 정확히 2004년 6월 15일이네요.
좋아하는 것들을 그냥 두기 아까워서 담을 공간을 찾다가 정착하여
혼자 주저리주저리 떠들던 공간이 제게 이런 기회를 줄 거라곤 생각도
못했습니다.

많이 고민했습니다.
겨우 '내' 주제에 책을 내는 건 아직 이르다고 생각했습니다.
카피라이터라는 직업 덕분인지,
광고를 다룬 책은 별로 좋아하지 않았기 때문에,
'일본 광고'를 모티브로 삼아 글을 쓴다는 게 무척 부담스러웠습니다.

그런데 신기하게도
주변 사람들에게 이런 기회가 왔다고 이야기하자,
오히려 그들이 저보다 더 기뻐했습니다.
꼭 잡으라고, 이런 기회는 다시 없다고,
이런 기회조차 오지 않는 사람들이 훨씬 많다고.

그래서 저 자신의 신념을 다시 되새겼습니다.
'무엇이든 안 하는 것보다 하는 게 낫다.'

제 블로그에 늘 변함없이 올려놓은 문구를 되뇌었습니다.
'좋은 생각만 하자.'

이 책은 단순히 광고를 모아놓은 책이 아닙니다.
처음부터 그렇게 마음먹고 썼습니다.
이 책에 실린 광고와 카피는
마케팅적으로 훌륭하다거나, 크게 히트했다거나 하는 기준보다
내 삶과 닮았거나, 내 삶이 가고자 하는 방향 언저리에 있거나,
내 삶이 흘러가면서 부딪혀온 것으로 골랐습니다.

쓰다 보니, 이 책에는 '내'가 참 많이 담겨 있네요.
마무리를 지으려니, 눈물이 납니다.
그래서 그런가봅니다.

contents

008 │ 산토리 각 · 위스키
014 │ 산토리 올드 · 위스키
018 │ 시세이도 · 기업PR(화장품)
022 │ 조지아 · 캔커피
026 │ 아사히신문 · 기업PR(신문)
030 │ 시세이도 · 기업PR(화장품)
034 │ 오자키 · 기업PR(학생복)
040 │ JR 청춘18티켓 · 기차여행
044 │ 니카이도 · 보리소주
048 │ JR 청춘18티켓 · 기차여행
050 │ 올림푸스 · 기업PR(광학제품)
054 │ 리쿠르트 · 기업PR(구인구직)
058 │ JR 청춘18티켓 · 기차여행
064 │ 후지테레비 · 기업PR(방송)
070 │ 히요코 · 일본 과자

074 │ JR 풀문 · 기차여행
078 │ 산토리 히비키 · 위스키
082 │ 메이지제과 · 기업PR(과자)
086 │ 아사히신문 · 기업PR(신문)
090 │ 니카이도 · 보리소주
094 │ 후지테레비 · 기업PR(방송)
098 │ 글리코유업 · 기업PR(유아용 유제품)
102 │ JR토카이 · 기차여행
108 │ DREAMS COME TRUE · 음반 발매
112 │ 산토리 · 위스키
116 │ JR토카이 · 기차여행
120 │ 나가노 시계 · 기업PR(시계)
124 │ LOVE TODAY · 기업연합 프로젝트
130 │ IH그룹 · 기업PR(중공업)
134 │ 조지아 · 캔커피

138 ┃ 패밀리마트 · 기업PR(편의점)	
142 ┃ JR 청춘18티켓 · 기차여행	
146 ┃ 민간방송연합 · 올림픽 캠페인	
150 ┃ 큐피 · 기업PR(식품)	
154 ┃ 코카콜라 · 음료	206 ┃ NTT · 기업PR(통신)
158 ┃ 산토리 우롱차 · 음료	210 ┃ 이와타야 · 기업PR(백화점)
164 ┃ 글리코유업 · 기업PR(유아용 유제품)	214 ┃ 빠이롯트 · 기업PR(만년필)
170 ┃ 메이지 초콜릿 · 초콜릿	218 ┃ 리쿠르트 · 기업PR(구인구직)
174 ┃ 겟케이칸 츠키 · 일본술	224 ┃ 세이부 백화점 · Love & Valentine 기획
178 ┃ 일본 우편 · 연하장	230 ┃ 내가 사는 길 · 드라마
182 ┃ 산토리 야마자키 · 기차여행	234 ┃ 산토리 화이트 · 위스키
186 ┃ 워크 요코스카-가나가와 · 지역관광	240 ┃ 아사히방송 · 코시엔 특집방송
192 ┃ 큐피 하프 · 마요네즈	246 ┃ 하나 큐피트 · 기업PR(꽃배달)
196 ┃ 올림푸스 · 기업PR(광학제품)	254 ┃ 후지요트 학생복 · 기업PR(학생복)
202 ┃ 아사히신문 · 기업PR(신문)	258 ┃ 네스카페 골드블렌드 · 커피
	264 ┃ 산토리 올드 · 위스키
	270 ┃ JR히가시니혼 · 기차여행
	278 ┃ 기린 라거 클래식 · 맥주
	282 ┃ JR토카이 크리스마스 익스프레스 · 특별열차

아버지가
드시지 않았던
위스키,
산토리 '각

두부 장사의 방울 소리, 어머니의 나막신 소리

두부장사의 방울 소리가 들리면
어머니는 항상 나막신 소리를 높이며 거리를 달렸다.
그리고 부엌에서 파를 써는 소리가 들리면,
어김없이 아버지가 돌아오셨다.

각을 따르는 소리

아버지는 매일 밤 위스키를 마셨다.
산토리 각병을 마셨다. 작은 잔으로 두 잔, 세 잔.
검소한 생활을 하던 그때, 각병은 아버지의 드문 사치였다.
아버지는 라디오를 따라 콧노래를 부른다.
조금씩 조금씩 따르면서 작은 잔을 입으로 옮긴다.
그럴 때면 아버지의 미간의 주름이 늘어나, 눈이 작아지는 것이다.

"반짝반짝 빛나는 자전거가 갖고 싶어~"

어느 날 밤, 나는 아버지를 졸랐다.
반짝반짝 빛나는 자전거는 1만 6천 엔.
아버지 월급의 반을 넘었던 것으로 기억한다.

자전거의 벨소리, 아이의 목소리

그 후로 아버지는 오랫동안 위스키를 드시지 않았다.
내 자전거를 산 후, 오랫동안, 위스키를 드시지 않았다.

나의 아버지는 매일 밤 위스키를 마셨다.
그러나 내가 기억하고 있는 것은

아버지, 당신이 드시지 않았던 위스키입니다.
그 반짝반짝 빛나는 자전거와 바꾼 아버지의 위스키를,
나는, 지금도, 기억하고 있습니다.

각을 따르는 소리

당시 아버지의 위스키, 지금은 나의 위스키, 산토리 각.

산토리 각
아버지의 사연이 담긴 물건 하나,
제가 갖고 싶었기 때문입니다.

매체 | 라디오 광고
소재 | 위스키

짜릿하고 따뜻하게

이 기나긴, 100초가 훨씬 넘는 라디오 광고는, 산토리 각이라는 위스키가 품고 있는 드라마를 이야기합니다. 아버지와 술, 남자와 술 – 그들 사이에 있었던 애틋한 드라마. 원래 '술'이란 것은 인간의 희로애락과 가까이 있다보니 사연이 많은 존재이기도 하죠.

그래서일까요? 일본의 술 광고들은 대개 사람 냄새가 물씬 나곤 합니다. 우리가 '마음을 울리는 카피'라 부르는 것들은 이 술 광고에서 많이 태어났지요. 꽤 기나긴 역사를 지닌 산토리 각에는 온갖 인간군상이 묻어나는 것 같습니다. 그래서 한번도 맛보지 않은 술이지만 왠지 회식 자리나 떠들썩한 모임보다는 혼자 혹은 마음을 나누고 싶은 지인과 한잔해야 할 듯합니다. 또는 아버지와 함께 말이죠.

저는 아버지와 어렸을 적부터 떨어져 살 일이 많았습니다. 물론 이것은 가정의 문제보다는 아버지의 직업 때문이었습니다. 어렸을 때는 정말 정말 몰랐지만 요즘 아버지를 보면 참 마음이 아픕니다. 혼자 사는 것이 얼마나 외로운 일이었을까요. 새벽에 퇴근하더라도 문을 열고 들어올 때 반겨주는 강아지가 있다는 것, 집을 나설 때 인사를 나눌 수 있는 존재가 있다는 것, 이것만으로도 얼마나 안심이 되는지, 우리 아버지는 누구보다 잘 알면서 누구보다 경험하지 못한 일일 겁니다.

외국에 한 1년 정도 떨어져 있다가 돌아오셨을 때, 아버지의 주름과 흰머리가 늘어난 걸 보고 동생이 울었던 기억이 납니다. 옆에 있었으면 아마도 몰랐을 겁니다. 부모님은 우리가 생각하는 것보다 훨씬 빨리 나이를 먹는다는 것을요.

아버지를 위해 뭘 할 수 있을까. 그 답을 찾을 수 없던 저와 동생은 그냥 이런 일을 하기로 했습니다. 그것은 바로, 집에 돌아왔을 때 아버지가 할 수 있는 일을 만들어놓는 것. 이 집에서 무척이나 중요하고 소중한 사람이므로 당신이 없으면 우리는 큰일 난다고 말이죠.

누가 보면 너무도 사소한 일이겠지만, 고장 난 컴퓨터를 고치지 않고 그냥 둔다든가, 텔레비전에 문제가 생겨도 그대로 둔다든가, 뭔가 가전제품을 살 일이 있다면 아버지가 오실 때까지 미뤄둔다든가 등등.

저희 아버지가 전자제품과 컴퓨터를 매우 좋아하시는 데다 컴퓨터 도사시거든요. 젊은 저와 동생보다도 훨씬 능하시답니다. 그래서 늘 그런 것에 대해선 아버지의 조언을 구하지요. 그러면 '너네들 그것도 모르냐'고 한소리 하십니다.

사실, 그렇게 큰소리치는 아버지가 참 좋습니다. 어렸을 때는 그 큰 목소리가 옆집에 들리지는 않을까 조마조마하고, 너무도 다정한 사람인데 자칫 그릇되게 비치지 않을까 걱정이 많았거든요. 지금은 목소리가 줄어든 아버지의 모습은 상상도 하고 싶지 않습니다.

1년 전, 일본 여행을 다녀오면서 커피 잔을 하나 사왔습니다. 어머니와 커피를 즐겨 드시는 아버지에게, 아버지만을 위한 예쁜 잔을 선물했습니다.

아버지의 사연이 담긴 물건 하나, 제가 갖고 싶었기 때문입니다. 싸우기도 많이 싸웠고, 미워하기도 했지만, 세상에 둘도 없는 소중하고 소중한 우리 아버지.
술을 좋아하지 않아서, 산토리 각 한 병 나누지는 못하지만 커피는 언제든 함께 마셔요.
제가 사드린 잔에 아버지의 이야기를 가득 담아서요.

저에겐 아버지의 이야기도, 눈물을 흘리지 않고는 얘기할 수 없는 치명적인 약점이랍니다.

사랑은
먼 옛날의
불꽃이
아니다

OLD is New

산토리 올드

산토리 올드
그들이 사랑임을 감지하는 순간이
매우 사소한 한마디, 한순간이었다는 것입니다.

매체ㅣTV 광고
소재ㅣ위스키

도시락 가게 여주인이 바쁘게 준비를 하고 있습니다.
한 젊은 남자가 자전거를 타고 방문하네요.
여주인이 말합니다.
"매일 우리 집 도시락만 먹어서 질리겠어요."
그러자 남자는 단호한 표정으로 말합니다.
"도시락 때문만이 아니니까요."
여주인은 놀란 표정으로 남자를 바라봅니다.
그리고 그녀의 감정을 표현하듯 전차가 지나가면서 불꽃이 튀는 장면이 나옵니다. 그때 나오는 카피.

사랑은 먼 옛날의 불꽃이 아니다.

퇴근길의 중년 남성과 한 여성. 직장 상사와 부하 직원입니다.
서로 갈 길이 달라서 헤어질 무렵, 여자가 말해요.
"부장님 뒷모습 보는 거 좋아해요."
그러자 중년 남성이 당황하며 말합니다.
"농담 그만 해."
돌아서는 남자에게 여자가 말하죠.
"잠시 보고 있어도 될까요?"
"농담 그만 해."
그때 산들바람이 불고 나뭇잎이 마구 흔들립니다.
카피가 흐릅니다.

사랑은 먼 옛날의 불꽃이 아니다.

짜릿하고 따뜻하게

이것은 모두 산토리 올드의 정말 유명한 광고입니다. 이 카피는, 카피라이터가 고교 시절 봤던 불꽃놀이의 추억과 대학교 1학년 때 읽은 「사람은 불꽃보다 더 멀리 있더라」라는 고시조에서 비롯되었다고 합니다.

오래된 술인 산토리 올드의 리뉴얼. 그 신선함과, 새로움에 대한 기대감을 어떻게 40대 남녀에게 이야기할까 고민하다가 그들이 잠시 잊고 있었던, 새로운 사랑을 만났을 때의 두근거림에 투영하여 표현한 듯합니다. 이 광고가 상당히 좋았던 이유는 그들이 사랑임을 감지하는 순간이 매우 사소한 한마디, 한순간이었다는 것입니다. 우리의 현실은 드라마와 달라서 극적으로 흘러가지 않으니까요. 아주 사소한 순간에 모든 것이 포함되어 있으니까요. 가끔 순정만화나 우정이 넘치는 만화가 보고 싶고, 결말이 눈에 보이는데도 극적인 멜로드라마나 스포츠영화에 몰입하고 마는 것은 우리가 언제까지나 가슴 두근거리며 살고 싶기 때문인지도 모르겠습니다.

하지만 곰곰이 생각해보면, 사랑만이 아니라 우정도, 열정도, 장난도 먼 옛날의 불꽃이 아닌 것 같습니다. 어머니나 아버지를 봐도 그런 기분이 듭니다. 배우고 싶고, '성장하고 싶고', 즐겁고 싶은 마음은 영원한 것 같거든요.

사랑은 누군가에 의해서 갖게 되는 두근거림이지만, 우리 스스로 만들 수 있는 두근거림도 많죠.

여행을 떠나든가, 취미생활을 시작한다든가, 무언가를 시작하면 뛰는 심장은 덤으로 따라올 테니까요. 그때는 사랑도 할 수 있었고 좋았지, 지금은 그런 거 다 잊었어, 라고 말하지 않도록 언제까지나 인생이란 불꽃을 쏘아보고 싶습니다.

일본의 불꽃놀이를 구경하며 안 사실입니다만, 비가 와도 불꽃놀이는 할 수 있더군요. 마치 우리가 언제든 마음만 먹으면 두근거림을 얻을 수 있듯이.

20년째 동창회.
인생의 정답은 여러 개가 있다고 생각한다.

저마다의 길, 아름답게
시세이도

시세이도
어느 길을 가도 정답이 아닐 수 있고, 어느 길을 가도 정답일 수 있습니다.
채점은 우리 자신이 하는 것이니까요.

매체 l TV 광고
소재 l 기업PR(화장품)

시세이도의 오래된 기업PR입니다. 저 역시도 카피로만 접했을 뿐 동영상은 보지 못했습니다만, 그럼에도 부족함 없이 전달하고자 하는 바가 전해지는 광고네요. 여자에게나, 남자에게나 동창회라는 것은 특별한 의미가 있습니다. 그간 나는 어떻게 살아왔고, 지금의 나는 이렇다는 것을 한때의 친구들에게 선보이는, 어쩐지 속 보이는 자리기도 하지요.
서로가 선택한 다른 길에서 다른 모습으로 열심히 살아가는 게 뚜렷하게 보이기도 합니다.
초등학교 때 만났던 친구들과는 같은 출발선에 있었던 것 같은데, 지금은 너무도 다른 길을 걷는다는 사실에 전 정말 놀라기도 했어요.

시세이도는 이렇게 말하네요.
인생에는 정답이 여러 개고, 당신이 어떤 길을 선택하며 살았든
시세이도는 당신이 아름다울 수 있도록 돕겠다고 말이죠.
예전부터 이런 말을 종종 듣곤 합니다.
시험에는 분명 정해진 '정답'이라는 것이 있지만
인생은 그렇지 않다고, 어떻게 살든 그 길이 정답일 수 있다고,
인생의 답은 여러 개라고 말입니다.

누군가는 고등학교를 졸업하면서 인생의 길을 선택합니다. 또 누군가는 대학에 들어가면서 결정하고 저는 대학을 졸업할 무렵에 선택했습니다.

고민과 고민을 거듭한 끝에 결정했습니다. 어렸을 때는 정말 꿈이 많았는데 막상 직업란에 쓸 말은 꿈과 일맥상통하지 않았습니다. 자신이 무엇을 잘할 수 있는지도 모르겠고, 이 길을 선택해서 과연 행복할 수 있을지도 정말 모르겠다는 생각에, 친구와 매번 고민하고 때론 울기도 했습니다.

이 길에 들어서고 나서 5년쯤 됐을까요? 친구들끼리 모여서 수다를 떠는데 한 친구가 그러더군요. "3년 정도 이 일을 한 거면, 그래도 적성에 맞는 거야." 정말 괴롭고 하기 싫어서 미칠 것 같으면 아마도 뛰쳐나왔을 거라구요.

일은, 힘듭니다. 그건 제 일이 아니라 어느 직업을 선택하더라도 마찬가지입니다. 돈이라는 것은 쉽게 손에 쥐어지지 않습니다. 어떤 유명한 골퍼가 이런 얘기를 했던 기사를 읽은 적이 있습니다. 아무리 좋아하던 것이라도 직업이 되는 순간 스트레스가 쌓이게 되고 열정은 식을 수밖에 없다, 대강 이런 의미였지요. 그러니까 지금의 자신이 힘들다고 해서 그게 나의 길이 아니다, 라고 단정할 순 없는 거겠죠.

어느 길을 가도 정답이 아닐 수 있고, 어느 길을 가도 정답일 수 있습니다. 채점은 우리 자신이 하는 것이니까요. 지금의 자신이 열심히 살고 있다고 스스로 칭찬할 수 있다면 그보다 좋은 답이 어디 있을까, 라는 생각이 들었습니다. 위에서 이야기했듯이, 저는 제 진로를 결정할 때 고민이 많았습니다. 아무리 현실을 생각한다 해도 하기 싫은 것은 하기 싫었고, 이 길은 공부한 적도, 접해본 적도 없어서 두렵기만 했거든요. 잘 해낼 자신 따윈 손톱만큼도 없었던 거죠.

그런데 벌써 9년. 지금 일을 기가 막히게 잘하고 있다고 대답할 자신은 전혀 없지만 스스로 선택한 길을 9년 가까이 꾸준히 걸어오고 있는 나 자신은 칭찬하고 싶습니다. 망설임, 없었다고는 할 수 없고 분명 도망가고도 싶었지요. 그래도 아직 이탈하지 않고 잘 걸어오고 있다는 그 사실만큼은 자랑해도 되지 않을까요? 예전에도 이렇게 말한 적이 있습니다.

나는 수만 가지 정답 중에 하나를 선택해서 걷고 있다고. 어느 곳도 내 길이 될 수 있다고, 이 길은 내 길이고 정답이라고.

그래요, 모든 길이 정답입니다. 시세이도의 카피를 읽으면 그런 생각이 듭니다. 정답이라 믿으며 꾸준히 그 길을 걷고 있는 나 자신을 오늘은 한번 칭찬해줘야겠다고. 힘내라고, 잘하고 있다고, 웬만하면 최고점을 주면서요.

내일은 있다.
내일이 있어. 젊은 나에겐 꿈이 있어.
언젠가 분명, 언젠가 분명 알아줄 날이 오겠지.
내일이 있다.
내일이 있어. 내일이 있잖아.

조지아로 갑시다.

조지아
오늘의 나를 알아주는 내일은
분명 좋은 일이 기다리고 있을 테니까.

매체 | TV 광고
소재 | 캔커피

한 중년 아저씨가 옥상에서 캔커피를 마시며 노래합니다. 내일은 있어, 내일은 있어, 라고. 화장실에 있는 청년도, 안내 데스크에 있는 아가씨도, 거래처에 실수를 해서 엎드려 용서를 구하는 직원도, 야근을 하는 사람도, 택시 운전자도 노래합니다. 젊은 나에겐 꿈이 있다고, 언젠간 알아줄 거라고, 내일이 있다고, 힘차게 캔커피를 마시며 하루를 살아갑니다.

처음에 등장했던 그 중년 아저씨가 길을 가다가 옛 친구를 만납니다. 좋은 차에서 내린 친구는 당당하게 자신의 명함을 내밉니다. 회사를 차렸고, 명함에는 사장이라는 빛나는 직함이 찍혀 있습니다. 그러나 우리의 중년 아저씨는 여전히 월급쟁이입니다. 초조해할 필요 없어. 초조해할 필요 없어. 내일이 있으니까. 그는 이렇게 스스로를 타이릅니다.

상사가 새로 왔습니다. 프랑스인이라서 의사소통이 전혀 안 됩니다. 이런 상황에서 그는 다짐합니다. 이건 기회야, 이건 기회야, 열심히 공부하자, 내일이 있으니까. 그는 프랑스어 공부를 시작합니다.

눈이 내리고, 길이 막히는 도로 위에서 아저씨는 뒷좌석에 앉아 졸고 있는 가족을 보며 문득 생각합니다. 나는 무엇을 위해 이렇게 열심히 일하는 걸까? 가족을 위해서? 자신을 위해서? 스스로 질문을 던지지만 답은 바람 속에 묻혀버립니다. 그는 그저 내일이 있다고 믿으며 앞으로 나아갑니다.

이 네 가지 이야기는 모두 2000년대 초반 일본에서 대히트를 친 광고, 캔커피 조지아의 '내일이 있잖아' 캠페인입니다. 장기 불황으로 허덕이던 일본 국민의 마음을 쓰다듬고 희망을 준 광고로 그 당시 일본인들의 국민 CM이었습니다. 유명한 광고라는 것은 진작 알고 있었지만, 직접 동영상으로 보게 되었을 때 손이 떨릴 정도로 감동을 받았습니다. 몇 번이고 반복 재생했습니다. 한동안 노래를 계속 따라 불렀습니다. 어쩌면 저에게도 필요했는지 모릅니다.

내일이 있다는 희망 말입니다.

그 희망이 없으면, 오늘 하루가 끝나가는 게 너무도 아쉽겠죠. 아침에 힘겹게 출근을 하고 자리에 앉아서 일을 하고 겨우 몇 가지 일을 아등바등하면서 시간이 되면 점심을 먹고, 또다시 아등바등 일을 하다보면 해가 지고, 오늘 하루가 이렇게 가나보다 느낄 즈음, 야근을 하게 되어 좋아하는 사람도 못 만나고, 소중한 가족 얼굴도 못 보고, 12시가 지나 다음날이 되어버리면, 난 도대체 오늘 하루 뭘 한 거지, 라며 스스로에게 허무한 질문을 던지게 될 테니까요. 지금의 내가 싫어질지도 모릅니다. 오늘 일을 내일로 미루지 말라고들 하지만, 오늘 하고 싶은 일을 모두 하기엔 24시간은 생각보다 짧습니다. 오늘 하루 열심히 살아도 24시간을 원하는 만큼 채우지 못합니다. 비범한 사람들은 해낼지 모르지만 저는 오늘 안에 해내질 못합니다.

'내일이 있잖아' 시리즈의 연말 광고는 이런 얘기를 합니다. 올해도 정신 차려보니 12월, 시간은 빠르게 지나가지만 초조해하지 말고, 미래는 언제나 기다리고 있다구요. 당신에게도, 저에게도 내년이 있다고 말이죠. 누군가가 보기엔 안일해 보일 수도 있지만 저는 조지아 같은 정신으로 살고 싶네요. 오늘 일이 안 풀려도 내일이 있다고 믿고 한 해의 목표를 세우고 열심히 사는 것은 당연하지만 그것을 이루지 못했다고 좌절하진 말자고, 내년에 하면 되잖아, 라면서. 이러다 분명 아무것도 못할지도 모르고, 그래서 후회할지도 모릅니다. 그래도 오늘 하지 않으면 안 된다는 절박감으로 인생을 살고 싶진 않아요.

괜찮아. 내일이 있어. 젊은 나에겐 꿈이 있고, 알아줄 날은 반드시 올 거야. 그러니까, 오늘 모든 걸 다 해내려고 애쓰지 않아도 돼.
오늘만 날이 아니야.
오늘 좌절한다고 그게 인생의 끝은 아니야.
오늘을 미워할 필요는 없어.
내일이 있으니까,
오늘의 나를 알아주는 내일은
분명 좋은 일이 기다리고 있을 테니까.

꽃에는, 물이 있어야 한다.
안녕에는, 스마일이 있어야 한다.
노천온천에는, 달이 있어야 한다.
축구에는, 기적이 있어야 한다.
엑셀러레이터에는, 브레이크가 있어야 한다.
나쁜 아빠에게는, 착한 엄마가 있어야 한다.
내일에는, 오늘이 있어야 한다.

인생에는, 뉴스가 있어야 한다.
아사히신문

아사히신문
나에겐, 당신이 있어야 합니다.
적어도, 나에겐.

매체 | 인쇄 광고
소재 | 기업PR(신문)

나는 생각합니다.
'이것'에는 '이것'이 있는 것이 좋다고.

자동차에는, 라디오가 있어야 합니다.
학급에는, 오락부장이 있어야 합니다.
교실 칠판에는, '떠드는 사람'이 있어야 합니다. 혹은 '오늘의 당번'이 있어야 합니다.
커피에는, 향이 있어야 합니다.
휴대폰에는, 잊히지 않는 번호가 있어야 합니다.
집으로 돌아가는 길에는, 반가움이 있어야 합니다.
기차에는, 도시락이 있어야 합니다.
창가에는, 반가운 얼굴이 있어야 합니다.
체벌에는, 사랑이 있어야 합니다.
술에는, 이야기가 있어야 합니다.
식탁에는, 가족이 있어야 합니다.
평일에는, 주말이 있어야 하고, 주말에는, 로또가 있어야 합니다.

비 오는 날에는, 부침개가 있어야 합니다.
한겨울의 방에는, 만화책이 있어야 합니다.
만화책방에는, 라면이 있어야 합니다.

봄에는, 역마살이 있어야 합니다.
할머니에겐, 옛날이야기가 있어야 합니다.
여행에는, BGM이 있어야 합니다.
가을에는, 빨강색이 있어야 합니다.
하굣길에는, 떡볶이가 있어야 합니다.
만화에는, 로망이 있어야 합니다.
청춘에는, 여드름이 있어야 합니다.
구두에는, 낯섦이 있어야 합니다.
시골에는, 별이 있어야 하고, 도시에는, 빛이 있어야 합니다.

운동회에는, 오랜 준비가 있어야 합니다.
우정에는, 다툼이 있어야 합니다.
상처에는, 시간이 있어야 합니다.
차가운 손에는, 따뜻한 손이 있어야 합니다.
이별에는, 세월이 있어야 합니다.
미용실에는, 수다가 있어야 합니다.
놀이공원에는, 카메라가 있어야 합니다.
드라마에는, 선남선녀가 있어야 합니다.
한국드라마에는, '출생의 비밀'이 있어야 합니다. 혹은, 삼각이나 사각 관계가 있어야 합니다.
수학여행에는, 장난이 있어야 합니다.
여름에는, 시원한 맥주가 있어야 합니다.
소풍에는, 김밥이 있어야 합니다.
밤에는, 고독이 있어야 합니다.

외국드라마에는, 자막이 있어야 합니다.
스포츠에는, 라이벌이 있어야 합니다.

어른에겐, 장래희망이 있어야 하고,
사람에게는, 사람이 있어야 합니다.
인생에는, 뉴스가 있어야 합니다.

있는 것이 당연합니다. 그래서 간혹 잊곤 하죠.
'이것'에 '이것'이 있다는 것이 얼마나 서로를 빛나게 하는지를.
'이것'에 '이것'이 없는 추억이란, 심심하다는 것을.
사람마다 있어야 할 것은 취향에 따라 다르겠지만 말입니다.

이렇듯 '나'라는 존재가 떠오를 때면,
자연스럽게 '누군가'가 떠올랐으면 좋겠습니다.
둘이 있는 것이 당연하게,
둘이 있어야 서로 빛나듯이,
우리가 서로 함께할 때, 그때가 무적인 것처럼.

나에겐, 당신이 있어야 합니다.
적어도, 나에겐.

언제나, 웃으며 살았더니
웃음 주름살이 생겼다.
이런 주름살이라면 괜찮을까?

나, 참 괜찮네.

잘 어울립니다.
시세이도

시세이도
사람의 얼굴은 늘 변화하는 조각 같은 것.
그 사람의 얼굴에는 인생이 새겨진다는 것.

매체 I TV 광고
소재 I 기업PR(화장품)

이 '웃음 주름살'이란 것은 웃을 때 보이는 눈가의 주름이나, 입가의 주름을 말하는 거겠죠. 시세이도의 기업PR인 이 광고에서 놀란 점은 화장품 회사가 주름살을 긍정적으로 표현했다는 것입니다. 모든 화장품은 안티에이징, 즉 노화 방지라든가 되살아나는 젊은 피부를 주야장천 얘기하고 있거든요. 곱게 늙는다 해도 나이 먹음에 대해 아름답다고 말하는 것은 어쩌면 금기시해야 할 내용인지도 모르죠. 하지만 여자 분들은 알고 있을 겁니다. 나이를 먹는다는 것, 주름이 생긴다는 것은 신의 섭리라서 완전히 거스를 순 없다는 것을요. 저 솔직한 목소리에 마음이 가게 된 것은 그래서인가 봅니다.

예전에 어떤 일본광고에는 이런 카피가 있었다고 합니다.
멋진 할머니가 되고 싶다.

저는 이 말에 무릎을 탁 쳤어요. 바로 이게 내 인생의 목표라고 말이죠. 아무리 노력해도 스무 살로 돌아갈 수는 없지만 멋지게 나이 먹은 할머니는 될 수 있으니까요. 멋진 할머니라는 말에는 많은 것이 포함되어 있는 것 같습니다. 외모나 스타일만이 아니라 인생에 있어서 도망치지 않고 자신의 길을 꾸준히 걸어온 사람. 그래서 당당한 사람, 그래서 지혜로운 사람. 누군가의 본보기가 될 수 있는 사람. 손자 손녀들이 우리 할머니라고 큰 소리로 부르며 친구들에게 자랑할 수 있는 사람. 젊어지려고 하기보다는 젊게 살려고 노력한 사람. 얼굴에 주름살이 있어도 그것이 나이 듦의 흔적이라기보다는 웃음의 흔적처럼 남아 있는 사람. 보고만 있어도 따스한 온기가 전해지는 사람. 스스로를 나이 들었다고 부정하기보다는, 세월의 현명함을 몸에 익혔다고, 비로소 인간답게 사는 것 같다고 긍정할 수 있는 사람. 후회하지 않을 인생을 살아온 사람. 제가 생각하는 멋진 할머니란 그런 사람입니다. 그런 할머니가 제 목표입니다.

그렇다면 지금부터 무엇을 해야 그렇게 될 수 있을까요.
답은 사실 너무도 너무도 뻔합니다.
많이 웃을 것, 찡그리지 말 것, 얼굴에 밝은 기억을 새겨둘 것.
사람의 얼굴은 늘 변화하는 조각 같은 것.
그 사람의 얼굴에는 인생이 새겨진다는 것.
조각가는 화장품도, 성형외과 의사도 아닌 자기 자신이라는 것.

너무도 평범한 답이지만 실천한다고 손해보는 일은 아니죠. 제가 누구보다 잘할 수 있는 일도 잘 웃는 일. 헤프다 한들 어때요. 그냥 웃어보려 합니다. 먼 훗날 거울 속에 눈가나 입가에 새겨진 웃음 주름살을 보고 아, 나 참 괜찮네, 참 괜찮게 늙었네, 이 정도면 잘 어울리네, 라며 스스로를 칭찬할 수 있으면 얼마나 좋을까요.

멋진 할머니가 될 겁니다.
이런 생각을 하며 웃는 나, 조금 괜찮죠?

오자키

누군가와 바꿔버리고 싶다는 생각이 종종 들지만,
그럼에도 세상 그 누구보다 제일 좋아하는 건 '나 자신' 입니다.

매체 ㅣ 인쇄 광고
소재 ㅣ 기업PR(학생복)

레귤러는 되지 못했지만,
팀에서 가장 유니폼이
새까만 녀석.
그것은 나입니다.

선생님이 말하는 것은
잘 모르겠지만,
강아지가 말하는 건…
2/3는 안다.

내가 잘하는 것은
시간 표에는 실려 있지 않다.

어제 세어 봤더니
나의 싫은 점은
11개였지만 좋은 점은
12개 였다.

Do you like you?
오자키

저는요,
반곱슬머리라서 비 오는 날에는 놀라울 정도로 부스스하지만
그 덕분에, 누구보다 파마 비용을 줄일 수 있습니다.

몸치라서, 잘하는 운동 하나 없지만
그 덕분에, 누군가에게 꼴찌라는 슬픔을 주지 않을 수 있습니다.

듣기평가를 잘 못해서 영어 점수를 깎는 '귀'지만
당신의 이야기는 이상하리만치 잘 들립니다.

요리는 거의 못하지만 누구보다 맛있게 먹어줄 입을 가지고 태어났습니다.

물건을 잘 버리지 못해서 늘 책상이 지저분하지만
사람의 마음을 저버리는 것도 잘 못하는 편입니다.

소심해서 상처를 잘 받는 성격이지만
누군가에게 상처를 주는 말을 내뱉는 것도 겁나서 못합니다.

눈이 매우 나쁘지만, 잘 보이는 것의 소중함을 누구보다 더 잘 압니다.

사람들을 웃게 할 만큼 유머감각이 풍부하진 않지만
늘 즐겁게 웃어줄 수 있을 만큼 타인의 유머에 약합니다.

숫자에 약해서 수학이나 산수 점수는 바닥이었지만
그래서 그런지 계산적인 생각에도 점수가 바닥입니다.

용기가 없어서 무엇이든 먼저 나서서 하질 못합니다.
전화통화도 상대방이 끊기 전엔 잘 끊지 못하는 것도 그렇기 때문이 아닐까요?

특별히 좋아하는 음식이 없어서 답답할 때도 있지만
딱히 싫어하는 음식도 없어서 누군가가 데리고 다니기 편합니다.

사람들을 휘두를 수 있는 매력이 없어 리더는 되지 못하지만
언제나 옆자리에서 같은 편이 될 수는 있습니다.

이렇게 이야기를 하다보니 단점에 대한 변명거리를 만들 수 있게 되는군요. 단점 없는 사람 없고, 장점 없는 사람도 없습니다. 저도 거울 속의 제가 너무 싫은 적이 많지만, 누군가와 바꿔버리고 싶다는 생각이 종종 들지만, 그럼에도 세상 그 누구보다 제일 좋아하는 건 '나 자신'입니다. 이 싫다는 감정은 애증이지, 정말 밉다는 건 아니거든요. 다이어트를 하는 것도, 화장을 하는 것도, 지금의 자신이 싫어서 감추기 위해서가 아니라 더 사랑하기 위해서 하는 것. 일을 잘하고자 하는 것도, 좋은 음식을 먹는 것도 지금의 자신에게 더 보탬이 되기 위해서라고 생각합니다.

분명 다른 분들도 그럴 것입니다. 그러니까 튕기지만 말고, 아닌 척하지 말고 한번쯤은 자신에게 얘기해주는 것이 좋을 것 같다는 생각이 들었습니다. 사람의 마음은 표현하지 않으면 전달되지 않는 것이니까요.

형편없는 나 자신도, 부끄러운 나 자신도
나 아님 누가 그토록 예뻐해주겠어요?

Do you like you?

물론,

Yes! Yes! Yes! Yes! Yes! Yes! Yes! Yes! Yes! Yes! Yes! Yes! Yes! Yes! Yes!
Yes! Yes! Yes! Yes! Yes! Yes! Yes! Yes! Yes! Yes! Yes! Yes! Yes! Yes! Yes!
Yes! Yes! Yes! Yes! Yes! Yes! Yes! Yes! Yes! Yes! Yes! Yes! Yes! Yes! Yes!
Yes! Yes! Yes! Yes! Yes! Yes! Yes! Yes! Yes! Yes! Yes! Yes! Yes! Yes! Yes!
Yes! Yes! Yes! Yes! Yes! Yes! Yes! Yes! Yes! Yes! Yes! Yes! Yes! Yes! Yes!
Yes! Yes! Yes! Yes! Yes! Yes! Yes! Yes! Yes! Yes! Yes! Yes! Yes! Yes! Yes!
Yes! Yes! Yes! Yes! Yes! Yes! Yes! Yes! Yes! Yes! Yes! Yes! Yes! Yes! Yes!
Yes! Yes! Yes! Yes! Yes! Yes! Yes! Yes! Yes! Yes! Yes! Yes! Yes! Yes! Yes!
Yes! Yes! Yes! Yes! Yes! Yes! Yes! Yes! Yes! Yes! Yes! Yes! Yes! Yes! Yes!
Yes! Yes! Yes! Yes! Yes! Yes! Yes! Yes! Yes! Yes! Yes! Yes! Yes!

$$\sqrt{a} = 18$$

여행의 길(root) 위에선 누구나 18세(age)다.

청춘18티켓

JR 청춘18티켓
세상의 짐을 잠시 내려놓을 수 있다는 것,
이것만으로도 충분합니다.

매체 | 인쇄 광고
소재 | 기차여행

일본 광고의 감성을 이해하는 데 가장 큰 축이 되는 두 가지 업종이 아마도 술과 여행 - 그중에서도 기차여행일 것입니다. 일본 카피를 좋아하는 사람들이 늘 추구하는 것이 JR(Japan Railways) 광고지요.

JR은 정말 주옥같은 광고를 두루 만들었습니다. '일본을 쉬게 하자'라든가, 지금도 진행 중에 있고 무척이나 유명한 카피라서 쇼프로나 다른 광고에서 여러 번 패러디된 '그래, 교토에 가자' '저편의 日本으로…'도 훌륭하고 '지금 나라奈良에 있습니다'도 빼어납니다. 하지만 우리나라 항공사의 취항지 광고 같은 이것과는 조금 다른 길을 가는 JR광고도 있습니다.

여행에 대한 로망만으로 마음을 뒤흔드는, 바로 '청춘18티켓'. 앞으로의 인생을 위해서든, 지금의 나를 위해서든, 한번쯤은 무작정 기차에 뛰어올라야 할 것 같은 마음이 들게 하는 카피는 감성만으로도 이토록 사람을 설득할 수 있다는 것을 보여줍니다.

여행의 길 위에선 누구나 18세다.

왜 '청춘18티켓'인가. 티켓의 이름이 '청춘18'이라서 18세의 누군가가 떠나야 할 것만 같지만, 사실 청춘이 아니어도 좋고 18세가 아니어도 떠날 수 있는 여행 이야기를 담고 있습니다. 하고 싶었던 얘기는 아마도 이 여행길에 오르면 누구나 청춘이 되고, 누구나 18세가 된다는 것이겠죠. 왜일까 혼자 곰곰이 생각해봤습니다. 쉽게 생각해보면 낯선 곳을 갈 때의 설렘, 소풍을 떠나기 직전의 어린아이들처럼 여행을 떠날 때면 누구나 들뜨기 때문이 아닐까라는 생각도 들었습니다. 그러다 문득 제 첫 번째 일본 여행이 생각났습니다. 누가 뭐라 해도 엉망이었던, 5박 6일의 짧은 기간 동안 둘러본 곳이 고작 시부야, 아사쿠사, 오다이바뿐이었던 여행. 일정의 반 이상을 빈방 찾으러 다녀야 했던 기억과 재일교포에게 속아서 돈을 잃은 일 등등이 떠올랐습니다.

다음부터는 이런 식으로 오면 안 되겠다고 다짐했던 그 여행이 왜 강렬하게 떠올랐을까요. 아마도 서툴렀기 때문이 아닐까요. 사회생활을 하기 시작했고, 일에는 어느 정도 익숙해졌을 무렵의 저였는데 일본 여행길에 오른 저는 서툶, 그 자체였거든요. 그 뒤로 여러 번 일본 여행을 하면서 점점 능숙해져갔지만 거기에도 늘 '서툶'은 존재했습니다. 아무리 가도 서툰 자신은 지워지지 않았습니다. 살지 않으면 해결되지 않을 것 같은 기분이 들었습니다. 이상하게도 그런 것들이 저를 청춘으로 만들고, 18세로 만드는 것 같았습니다. 이것은 꼭 일본이 아니어도, 해외가 아니어도. 내가 생활하지 않는 곳이면 어디든 우리는 서툰 존재가 되더군요.

그래서 여행길 위에선 다들 청춘이라는 걸까요.

어딘가에서 읽었듯 청춘은 빈손이고, 앞으로 움켜쥘 것이 많잖아요. 낯선 곳으로 떠난 여행 속의 나는 언제나 빈손이고, 하얀 백지를 채울 일만 남았고, 능수능란하게 일처리를 하지 않아도 되고, 갓난아이처럼 아무것도 모르는 것이 죄가 되지 않고, 궁금하고, 호기심이 생기고, 그저 내 생활권 안에 있는 것들이 아니라는 이유만으로 설레고 들뜨는 그 기분. 분명 저는 18세의 소녀가 됩니다.

18세의 나를 만났다.

이 카피가 왜 나오게 됐는지 알 것 같았습니다. 가고 싶은 곳이 있어서 떠나거나 목적지를 정하고 떠나는 경우가 대부분이지만 그것이 없어도 좋은 까닭은, 어딜 가든 당신과 나는 청춘이기 때문입니다.

자신을 성찰하거나 진정한 나 자신을 만나기 위한 여행 같은 거창한 타이틀이 제겐 필요하지 않습니다. 낯선 세상에 제멋대로 놓인 철부지이자 아무것도 모르는 18세가 된다는 것, 세상의 짐을 잠시 내려놓을 수 있다는 것, 이것만으로도 충분합니다.

그러고 보니 카피를 굳이 수학공식처럼 쓴 것도 왠지 납득이 가지 않나요? 칠판에 쓰인 공식을 바라보고 있는 기분이 듭니다. 18세의 시선이 거기에 있었습니다.

"좀 더 내게 맞는 일을 하고 싶어"라고 말하면서
별로 하고 싶은 일 따위 없는
자신을 깨닫게 되곤 한다.

니카이도

니카이도
꼭 무엇이 되어야 행복한 것도 아니고
꼭 뭘 이뤄야 행복한 것도 아니죠.

매체 | 인쇄 광고
소재 | 보리소주

광고회사에 다니는 친구들을 만나면 항상 이런 얘기를 주고받습니다.

"광고 따위 때려치우고 뭐 딴 거 좀 하자."
"그래, 이거 백날 해봤자 보람도 없고…… 뭐 할까?"
"뭐 하면 좋지?"
"넌 뭘 제일 하고 싶냐?"
"카페 같은 거 차리고 싶은데, 이런, 돈이 없네."
"로또 되길 기다려야겠다. 인생은 역시 로또야!"

이야기는 항상 이렇게 마무리됩니다. 똑같은 곳에서 시작하고 똑같은 곳에서 마무리되지요. 이런 걸 네버엔딩스토리라고 하는지도 모르겠습니다. 도돌이표처럼 돌아가고 반복될 뿐, 이야기의 엔딩크레딧은 올라가지 않습니다. 누구도 속편을 기대하지 않아요. 이야기는 제자리걸음을 계속합니다. 그럼에도 이 이야기는 끝나지 않습니다.

모든 원인은 아마 니카이도가 말한 것과 같을 겁니다. 돈도 돈이지만, 이 모든 생활을 저버리고 새로 시작하고 싶을 만큼 간절히 '하고 싶은 것'이 마땅히 떠오르지 않는다는 것. 용기를 내고 싶을 만큼 간절히 '하고 싶은 것'이 없다는 것.

이상합니다. 정말 이상해요.
어렸을 때 장래희망란에 하나만 적기 아까울 정도로 하고 싶은 것이 참 많았는데, 선생님도 되고 싶었고, 간호사도 되고 싶었고, 심지어 범죄심리학자도 되고 싶었는데 왜 지금은 무엇 하나 적을 것이 없는 걸까요.
그냥 세월이란 강을 건넜을 뿐인데, 넘실넘실 파도를 타다 많은 것을 강에 빠뜨리고 만 걸까요.

문득 슬퍼졌습니다. 어린 시절의 저는 그랬어요. 모든 사람에겐 꿈이 있고, 다들 꿈을 이루기 위해 노력하면서 어른이 되는 거라고 그렇게 믿었거든요. 그리고 다들 그렇게 될 것 같았고, 저도 그렇게 될 수 있을 것 같았습니다. 하지만 현실은 그렇지 못했어요. 전 심지어 꿈이 무엇이었는지조차 기억나지 않는답니다.
'하고 싶은 일 리스트'라도 꼼꼼히 적어둘걸 그랬습니다. 20년 후의 나를 위해, 편지라도 써둘걸 그랬습니다. 그걸 타임머신 삼아 땅에 묻어둘걸 그랬습니다. 이제 그때는 '그때'일 뿐이죠. 시간은 저만치, 너무도 많이 흘렀습니다. 지금의 나는 앞으로 어떤 사람이 되고 싶고 무엇을 하고 싶은 걸까요.

스스로에게 과제를 내보았습니다. 서른의 내게 장래희망을 적어 내라면 나는 뭐라고 적을 것인가, 라는. 그랬더니 무엇을 적어야 할지 머릿속에 떠오른 건 하나도 없지만 단 한 가지 확실한 것이 있었어요.

행복해지는 것.

꼭 무엇이 되어야 행복한 것도 아니고 꼭 뭘 이뤄야 행복한 것도 아니죠. 무엇을 하든 행복할 수만 있다면 그것이 정답이고 진로고 장래희망이고 꿈이라고 생각합니다.

아아, 어렸을 때 장래희망란에 그렇게 적어놓을걸 왜 그때는 이런 생각을 못했을까요. 행복해지기 위한 일이라면 뭐든 해도 되는 거니까. 전 훗날 아이를 낳으면 꼭 장래희망을 직업으로 삼지 않아도 된다고 가르치고 싶어졌습니다. 무엇이 되든 상관없다고. 행복해지면, 그걸로 그만이라고 말입니다.

지금의 내가 아주 조금이라도, 쌀 한 톨만큼이라도 행복하다면 그것만으로도 꿈을 이뤘다고 생각하고 싶으니까요. 내가 있는 이 자리가 사실은 어렸을 때부터 꿈꾸던 '하고 싶은 일'이라고 생각하며 살고 싶으니까.

모험을 하지 않으면, 좋은 어른이 될 수 없어.

청춘18티켓

JR 청춘18티켓
세상에는 이렇게 어중간하게 사는 사람도 필요하다고
나름대로 긍정적인 생각을 해봅니다.

매체 | 인쇄 광고
소재 | 기차여행

조바심이 났습니다.
어떻게든 달라지고 싶습니다.
나아가고 싶습니다.
그럼에도 용기는 없습니다.
어중간하게 청춘의 시간을 보낸 저는
지금도 어중간합니다.

비록 아주 모범적이지도 않고, 그렇다고 아주 모험적이지도 않은 저는 그저 그런 사람에 불과하지만, 분명 어느 하나 치우쳐서 살고 있지는 않지만, 지금 이대로의 저도 뭔가 의미가 있는 거겠지요. 세상에는 이렇게 어중간하게 사는 사람도 필요하다고 나름대로 긍정적인 생각을 해봅니다.

저는 모험을 하지 않아서, 좋은 어른은 아닙니다. 수많은 깨달음이나 경험 따윈 갖고 있지 않습니다. 좋은 충고가 제 안에 쌓여 있지도 않습니다. 그래도 이야기는 친구처럼 들어줄 수 있겠죠. 세상에는 이렇게 이야기만 잘 들어주는 사람도 필요하다고 혼자 다독여봅니다.

내시경 검사가 끝나고 난 후
의사 선생님에게 "괜찮으세요?"라는 말을 듣고
간호사에게 "몸조심하세요"라는 말을 듣고
후배가 "어땠어요?"라고 묻고
아내가 "어때?"라고 묻고
딸에게 "어땠어?"라는 전화를 받는다.
수많은 마음이
하나의 몸을 지켜보고 있다.
고마워.

마음과 몸, 인간의 전부
올림푸스

올림푸스
당신이 소중하니까 더더욱 나를 소중히 다루고 싶습니다.

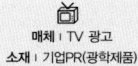
매체 | TV 광고
소재 | 기업PR(광학제품)

사랑하는 사람에게 함부로 해서는 안 되는 말,

"널 위해 죽을 수도 있어."
"널 위해서라면 목숨도 아깝지 않아."
"널 위해 목숨도 바칠 수 있어."

분명 자신의 열정적인 사랑을 과장법으로 표현한 것이겠지만 그것이 설사 진심이더라도 해서는 안 되는 말이라고, 저는 생각합니다.

저는요, 정말 사랑한다면 아무리 추한 모습이라 하더라도, 만신창이가 되더라도 살아남아야 한다고 생각하거든요. 소중한 사람을 위해서라지만 목숨을 바친다는 것은 '나'를 혼자 두고 떠나겠다는 이야기니까. 남겨두겠다는 얘기니까. 당신을 잃은 상실 속에 빠트리겠다는 이야기잖아요. 제가 너무 부정적으로 생각하는 것일 수도 있지만 말입니다. 올림푸스도 그런 생각을 했는지도 모르죠.

소중한 사람을 위해, 나는 소중하다.

올림푸스의 또 다른 광고에 담긴 이 카피에는 그런 의미가 포함되어 있는 것 같거든요. 소중한 누군가를 혼자 두지 않기 위해서라면, 자신의 목숨을 끔찍이 아끼는 것이 옳다고 생각합니다. 그러니까 세상에 소중하지 않은 당신은, 없습니다. 친구가 있는 당신도 소중하고, 부모가 있는 당신도 소중하고, 회사 동료가 있는 당신도 소중하고, 아이가 있는 당신도 소중하고, 돌봐줘야 할 화분이나 강아지가 있는 당신도 소중하고, 사랑하는 사람이 있는 당신도 소중하고, 제자가 가득한 당신도 소중하고, 소중한 무언가가 있는 당신도, 그리고 저도 참 소중합니다.

밥 잘 먹었느냐고 엄마가 묻습니다. 요즘 회사 생활은 어떠냐고 아빠가 묻습니다. 하루 동안 아무 일 없었지, 라고 남자친구가 묻고, 기다렸다는 듯이 강아지가 뛰쳐나와 꼬리를 치고, 자신의 일과를 동생이 재잘재잘 떠듭니다. 그러고 보니 이렇게 수많은 마음이, '나'라는 사람을 지켜보고 있었네요. 아무렇지 않은 듯 던지는 한마디와 매일 반복되는 행동에도 마음이 담겨 있었군요.

나는 소중합니다.
혼자 있는 나보다 둘이, 혹은 셋이 서 있는 내가 소중합니다.
당신이 소중하니까 더더욱 나를 소중히 다루고 싶습니다.

나는 건강할 겁니다.
그리고, 강해질 겁니다.
인간은 지켜야 할 것이 생기면 강해진다는 말을
신앙처럼 믿고 있습니다.

잃어버리지 않기 위해

나는 필사적으로 강해질 것입니다.
내가 지켜야 할 만큼 소중한 것.
내가 어떻게든 살아 있어야 할 이유를 만들어준,
그리고 나를 소중한 존재로 만들어준
수많은 당신들,

고맙습니다.

SE :
10번째 메시지입니다.

고교생 :
여보세요. 날 떨어뜨린 뻬- 대학, 두고보라구!

아직, 아무것도 끝나지 않았고,
아무것도 시작되지 않았다.

졸업, 축하해.
리쿠르트로부터

리쿠르트
당신은 아마도 조금 시작했을지 모릅니다.
그러나 끝난 것은 아무것도 없습니다.

🎧
매체 | 라디오 광고
소재 | 기업 PR(구인구직)

종이 울렸습니다. 펜을 내려놓습니다.
시험지와 답안지를 걷어갑니다.
부스럭거리는 소리. 가방 챙기는 소리. 웅성웅성.

수능이라 불리는 이 대규모의 테스트. 어쩌면 인생에 있어서 공식적인 첫 번째 테스트였을 이 시험이 끝났습니다.
그러나 당신은 알았습니다. 모두가 끝남을 기뻐하고 있을 때 당신은 알았습니다. 시험을 망쳤다는 것을.

수험 장소였던 학교 문을 나서니 수많은 학부모들이 아이들을 맞이합니다. 당신의 어머니도 그곳에 계셨습니다. 맛있는 걸 먹으러 갈까, 라고 묻는 듯했지만 당신의 귀에는 들리지 않았습니다. 왜냐하면 당신의 귀엔 두 가지 문장이 계속 반복재생되고 있었으니까요.

시험을 망쳤다. 아, 인생 끝났다.
시험을 망쳤다. 아, 인생 끝났다.
시험을 망쳤다. 아, 인생 끝났다.

시험을 망쳤다는 것은 인생의 첫 번째 관문에서 삐거덕거린 것이라 생각했습니다. 자신에게 기대를 건 부모에게 미안했고, 망쳐버린 자신이 너무도 미웠고, 앞으로 헤쳐나가야 할 미래가 두려워 방구석을 벗어날 생각도 못했습니다. 울었습니다. 그뿐이었습니다.

당신은 다음날 아침, 답을 맞춰봤습니다. 혹시나 해서 운에 베팅하고 싶었으나 그러질 못했습니다. 역시나였습니다. 당신은 그 이후로도 줄곧 우울했습니다. 사실은 알고 있었습니다. 시험 성적이 기가 막히게 잘 나올 만큼 공부를 열심히 한 건 아니었으니까요. 늘 벼락치기로 일관했으니, 이런 결과는 스스로 불러일으킨 것과 다름없었습니다. 알면서도, 그걸 그렇게 잘 알면서도, 운이 나빴다는 말에 모든 것을 걸어버리고 말았습니다. 사실은, 자신이 부족했기 때문인데 말입니다.

그 시절 당신에게 대학은 전부였습니다. 초등학교 졸업하면 중학교, 중학교 졸업하면 고등학교, 고등학교 졸업하고 나면 대학에 입학합니다. 사람의 인생은 이렇게 흘러갑니다. 그럼에도 그때의 당신은 고등학교만 졸업하면 모든 것이 끝난 것 같았습니다. 날개 한번 못 펴보고 말입니다. 그런 당신이 잘못됐다는 건 아닙니다. 실제로 사회에 나와보면 그렇습니다. TV에서나 학력주의 타파라는 듣기 좋은 얘기를 하지, 사실상 회사 생활에서 학력은 인상을 좌우하는 큰 요소입니다. 이력서에서 시작되는 우리 직장 인생의 가장 큰 첫인상. 서로 대학 생활 얘기를 할 때 자신의 대학이 대단하지 않으면 제대로 끼지 못하는 것도 사실. 그러니까 대학은 일종의 기회인 거죠. 기왕이면 잡아도 나쁠 것 하나 없고, 오히려 좋기만 한 기회.

하지만 그 기회를 놓쳤다고 해서, 인생은 정말로 '대학'에서 끝나는 게 아니었습니다. 당신은 대학에 들어와서 앞으로가 더 문제라는 것을 알게 되었습니다. 그간 자신이 아무것도 시작하지 않았다는 것을, 고등학교를 졸업하고 대학에 입학하면서 알게 되었습니다.

당신은 학교를 졸업하면 시험이 없다고 좋아했지만, 오히려 훨씬 더 힘난한 시험이 계속됩니다. 직장에서, 다른 직장에서, 또 다른 직장에서, 결혼 생활에서, 아이를 키우면서. 진정한 졸업이란 사실 없다는 것을. 아무것도 시작되지 않았고, 아무것도 끝나지 않았습니다.

대학을 졸업하고도 9년이 지난 당신은 아마도 조금 시작했을지 모릅니다. 그러나 끝난 것은 아무것도 없습니다.

$$I = t 人^2$$
여행의 인상(Impression)은
시간(time)과 만난 사람들에 비례한다.

청춘18티켓

JR 청춘18티켓
어쩌면 세상에 혼자 떠나는 여행이라는 건
없는지도 모르겠습니다.

매체 | 인쇄 광고
소재 | 기차여행

· 우에노에 있는 작은 여관의 할아버지

밤늦게 물건을 사야 해서 편의점에 간다고 하자
여관 할아버지가 말했습니다.
"무서우면 말해. 구하러 갈 테니까."
빼빼 마른, 60세는 넘어 보이는 할아버지.
오히려 내가 할아버지를 구해야 할 것 같았지만,
어쨌든 저는 낯선 땅에서 '우리 할아버지'라는 보디가드를 만났습니다.

· 우에노 시장에서 만난 한국인 여성과 그녀의 일본인 친구들

메일을 확인해야 할 일이 있어서
"인터넷 할 수 있는 곳 없나요?"라고 길 가던 사람에게 무작정 물었습니다.
"혹시 한국인?"
이런, 행운이었어요. 마침 물어본 사람이 한국인이었다니.
"여긴 PC방 없어요. 신주쿠 한인타운 쪽에 가면 있지만."
"아, 그래요." 실망하던 차에,
"만화카페 가면 인터넷 되는 데 있지 않아?"라며 친구와 대화하는 그녀.
"응, 이 근처에 있어."
그녀는 친구들과 앞장서서 길을 안내해주었답니다.

"여기예요. 여기."
아아, 한국인을 만나서 참 다행이다, 라고 생각하게 한 유일한 한국인.
서로 이메일 주소를 주고받았지만, 지금은 어디로 갔는지 잃어버렸네요.
지금, 잘 살고 있죠?

· 공중전화 앞에서 만난 통통한 아저씨

바빠서 숙소를 예약하지 못하고 온 여행.
가이드북에 나온 호텔은 모두 방이 찼다고 해서
다른 호텔을 찾아 여기저기 전화해보고 있던 차에
어떤 일본인 아저씨가 도와준다고 나섰습니다.
전화도 해주고, 호텔도 알아봐주며 친절하게 대해준 아저씨.
"왜 이렇게 저희를 도와주세요?"
"아, 나 한국인 친구가 있거든요."
이유는 단 하나, 자신의 친구가 한국인이라는 것.
그래서 전에 한국에 놀러간 적이 있다는 것.
한국과 일본 사이에는 건널 수 없는 강이 흐르는 것이 사실이지만
이렇게 우정은 많은 것을 초월하기도 합니다.

· 오사카 미나미센바 어딘가에 있는 작은 카페 치보리

매우 작은 카페였지만 아기자기한 소품이 인상적이었던 곳.
주인아저씨는 나이가 지긋하신 분이었고
사실 귀여운 카페와는 어울리지 않는 얼굴의 소유자였습니다.

할리 데이비슨을 타고 도로를 가로지를 법한,
바람의 아들 같은 느낌이랄까.
"아, 한국에서? 교토 가는 법? 이렇게 가면 돼요."
그림까지 그려가며 설명해주시던 아저씨.
"교토 거리가 예쁘다고? 난 잘 모르겠던데……."
어허, 아저씨. 가보니까 예쁘기만 하던데요.
늘 보는 것의 아름다움을 그 아저씨는 모르고 있었네요.
어쩌면, 제가 우리 동네의 아름다움을 모르고 스치듯이.
곁에 있는 것은 왜 소중하게 느껴지지 않는 걸까요.
자기 취향에 딱 맞는 작은 카페, 단골도 좋고 나처럼 떠돌이 손님도 좋고.
그렇게 누군가와 대화하며 완성해가는 시간, 여유로운 인생.
제가 늙으면 닮고 싶은 그 모습이 그곳에 있었답니다.

· 교토 철학의 길 주택가에 숨어 있는 작은 식당 와다

점심이 한참 지났지만 아무것도 먹지 못해서 너무너무 배가 고플 무렵
무작정 식당을 찾겠다고, 주택가로 뛰어들었습니다.
그러다 발견한, 정말로 동네 주민들만 갈 법한 가정식당.
"어머? 한국? 우리 작년 겨울에 갔어요. 코엑스몰. 한국, 너무너무 추웠어."
매우 친절한 부부. 게다가 놀랄 만큼 맛있는 음식들.
그다음 해 또 갔을 때
"저, 작년에 왔던 한국인인데요"라고 하자,
"아~~~" 하며 반갑게 맞이하던,
역시나 친절했던 그 부부.

은각사 가는 길을 온갖 보디랭귀지로 알려주었던,
두 번 찾아갈 때마다 다 맛있었던,
동네 주민들의 수다방이었던 와다 식당.
아직도 기억이 납니다. 철학의 길을 걸으러 간다면 분명 또 들를 겁니다.

· 교토 기온 근처에 있던 료칸 히노모토의 현금을 좋아하는 할머니

오래된 나무 냄새가 물씬 풍기는 료칸 히노모토.
론리 플래닛에 소개된 곳이라 그런지 외국인 배낭객들이 많은 숙소.
몸집이 작은, 전형적인 교토 할머니가 운영하고 있는 곳.
늦잠 자고 나오면 "당신들 너무 늦었어"라고 잔소리하고,
비에 흠뻑 젖은 신발을 들고 올라가면 안 된다며 째려보고,
심지어 한밤중에 복도에 우두커니 서 있다가
화들짝 놀라게 만들기도 하고,
마지막 떠날 때는
"카드 되나요?"
"카드 돼요. 현금이 더 좋지만."
이라고 말하던 너무도 솔직한 할머니.
일본 사람은 속을 드러내지 않는다지만
이 할머니는 얼굴에 모든 것이 드러나곤 했습니다.
다시 만나면, 절 알아볼까요?
그래도 두 번이나 묵었는데 말이죠. 그것도 속 썩이면서.
지금도 건강하게, 현금을 좋아하며 계셨으면 좋겠습니다.

어떤 지나친 요구도 순순히 들어줬던,
아이돌처럼 잘생긴 옷가게 점원도,
일본 사람치곤 퉁명스러웠던 순경 아저씨도,
간간이 음식점에서 만날 수 있는 한국인 아르바이트 학생도,
분명 불법체류자인 듯한,
나쁜 마음은 없었겠지만 사기 아닌 사기를 쳤던 한국인 아줌마도,
한자로 가득한 메뉴라 못 알아보자
견본을 들고 와 보여줬던 무뚝뚝한 야키토리 가게 부부도,
물건을 잃어버린 우리를 도와주려 나름 애썼던 호텔 아가씨도,
다 의미 있는 인연이라면, 인연.

어쩌면 세상에 혼자 떠나는 여행이라는 건 없는지도 모르겠습니다.

후지TV를 보고, 좋아하는 사람에게 고백했다.
후지TV를 보고, 다시 한번 학교에 가야겠다고 생각했다.
후지TV를 보고, 어머니에게 편지를 썼다.
후지TV를 보고, 세계에서 제일 강한 남자가 되겠다고 생각했다.
후지TV를 보고, 아들을 용서하자고 생각했다.
후지TV를 보고, 여행을 떠났다.
후지TV를 보고, 다시 한번 사랑을 하고 싶어졌다.
후지TV를 보고, 학교 선생님이 되겠다고 생각했다.
후지TV를 보고, 고양이를 키우고 싶어졌다.
후지TV를 보고, 갑자기 고향에 돌아가고 싶어졌다.
후지TV를 보고, 내일 친구에게 사과하기로 했다.
후지TV를 보고, 쓰레기를 버렸다.
후지TV를 보고, 이사를 갔다.
후지TV를 보고, 이혼서류에 도장을 찍었다.
후지TV를 보고, 플라멩코를 시작했다.
후지TV를 보고, 개그맨이 되겠다고 생각했다.
후지TV를 보고, 언젠가 반드시 월드컵에 나가리라 생각했다.
후지TV를 보고, 그날 밤 꿈이 해피엔드가 되었다.
후지TV를 보고, 아내와 여행계획을 세웠다.
후지TV를 보고, 미워하는 것을 그만뒀다.
후지TV를 보고, 야구부에 들어갔다.
후지TV를 보고, 그 녀석을 좋아하고 있음을 깨달았다.
후지TV를 보고, 의사가 될 공부를 시작했다.
후지TV를 보고, 예전의 꿈이 생각났다.

후지TV를 보고, 오토바이 면허를 땄다.
후지TV를 보고, 일본을 바꿔야겠다고 생각했다.
후지TV를 보고, 3km를 달렸다.
후지TV를 보고, 그림을 그리기 시작했다.
후지TV를 보고, 기타를 샀다.
후지TV를 보고, 일기를 쓰기 시작했다.
후지TV를 보고, 10kg 감량했다.
후지TV를 보고, 아내의 손을 잡았다.
후지TV를 보고, 자살을 포기했다.
후지TV를 보고, 후지TV에 취직했다.
후지TV를 보고, 헤어스타일을 바꿨다.
후지TV를 보고, 싸움할 용기를 냈다.

요즈음 일본, 확실하게 말해서 기운이 없습니다.
하지만, 이런 때일수록
한 사람 한 사람이, 꿈이나 희망을 믿고, 무언가를 해보자고 움직이는 것이
중요하다고 생각합니다.
우리들은 그런 계기를 만드는 방송국이고 싶습니다.
2002년 후지TV는, 제멋대로이긴 하지만
일본을 기운 나게 만드는 프로젝트를 시작합니다.

계기는, 후지테레비

후지테레비
난, 누군가의 계기가 되고 싶습니다.

매체 | 인쇄 광고
소재 | 기업PR(방송)

지금의 내가 있기까지, 나에겐 어떤 계기들이 있었을까?

처음으로 외국음악을 접한 계기는
〈지구촌 영상음악〉이라는 TV프로그램이었습니다.

'만화책은 한국 것만'이라고 고집을 피우다가
처음으로 일본 만화를 보게 된 계기는 『바사라』였습니다.
순정만화만 줄곧 보다가 남자들의 만화도 재밌구나, 라고
처음 느끼게 된 것은 『바람의 검심』이었습니다.

수학에 대해서 전혀 관심이 없다가 최근 수학 관련 책을 읽게 된 것은
'푸앵카레의 추측'을 풀었다는 괴상한 러시아 수학자의 다큐멘터리를 보
면서였습니다.

나를 추리소설 마니아로 만든 계기는
애거서 크리스티의 『그리고 아무도 없었다』였고
일본 드라마에 빠져든 계기는 기무라 타쿠야의 〈히어로〉였습니다.

일본어를 공부해야겠다는 생각이 든 건 '라르크 앙 시엘'의 뮤직비디오를
보면서부터였고

⟨너의 손이 속삭이고 있어⟩라는 드라마를 보면서 사랑을 하고 싶고, 또 결혼이 하고 싶어졌습니다.

자기 전에 꼭 자신을 세 번씩 칭찬한다는 어떤 일본 연예인의 얘기를 듣고 좀 더 자신을 사랑하겠다고 다짐했습니다.

카피라이터가 된 계기는, 사촌 오빠의 권유였습니다.

페키니즈를 기르게 된 것은, 동생 친구가 페키니즈를 길렀기 때문입니다.

늘 낮은 굽만 신다가, 하이힐을 신게 된 것은 "하이힐을 신으니까, 다리가 길어 보이고 날씬해 보이네"라며 칭찬한 남자친구 때문입니다.

마음을 뛰게 하는 광고를 보면 잠시나마 열심히 해야지 생각이 듭니다.

여행책을 보면 여행을 떠나야지, 생각합니다.

친구의 머리가 예쁘면 자신도 모르게 흉내 내고 있습니다.

맛있는 음식이 TV에 나오면 그 음식은 꼭 그날 메뉴가 됩니다.

누군가의 안부글이나 덧글을 보면 다시금 블로그를 열심히 하려고 노력하게 됩니다.

계기가 된다는 것은 누군가의 자극제가 된다는 것입니다.
앞으로 나아가게 하는 추진력이자 기폭제가 된다는 것.
혹은 시작이 된다는 것.
계기가 있어서 지금의 내가 있다고 해도 과언은 아니죠.
당신은 알게 모르게 나의 계기가 되고 있습니다.
후지테레비의 이야기가 솔깃한 것은
나 역시도 그러고 싶기 때문인 것 같습니다.
사소한 일이라도 좋습니다.

난, 누군가의 계기가 되고 싶습니다.

나의 고향은 할머니 안에 있다.

I LOVE YOU 히요코

히요코
시골 혹은 고향의 개념이 없는, 우리 세대에게 고향 가는 길이란,
할머니에게 가는 길입니다.

매체 I TV 광고
소재 I 일본과자

2008년, 8월이 끝나갈 무렵의 어느 밤.
한밤중에 휴대전화가 울렸습니다. 모르는 번호여서 받지 않았습니다. 그런데 벨이 계속 울렸습니다. 끊어지면 또다시 전화가 왔습니다. 이건 무슨 일일까 싶어서, 엄마와 동생에게 아는 번호냐고 물어봤더니 이모 번호라고 했습니다.
엄마가 갑자기 전화를 받지 말라고 했습니다.
'나쁜 소식일 거 같아.' 엄마의 예감이 그리 말하고 있었습니다.
"할머니가 돌아가셨나봐."
엄마는 방으로 들어가 자리에 누웠습니다.
"전화 받지 마. 받지 마."
"엄마, 그래도 받아야지."
"아니야. 받지 마. 나쁜 소식일 거야."

신경질적으로 화내면서 받지 말라고 하는 바람에, 차마 엄마가 있는 자리에서 받을 수가 없었습니다. 걱정 속에 하룻밤이 지났습니다. 아무래도 안 될 것 같아 새벽에 이모에게 전화를 걸었습니다. 엄마의 예감은 적중했습니다. 우리 외할머니가 돌아가셨다는 소식이었습니다.
아침부터 부랴부랴 검은 옷을 입고 할머니가 계신 병원으로 이동했습니다. 마침 아빠가 외국에서 휴가차 집에 와 계셨으니, 얼마나 다행인지 모르겠습니다.

택시를 타고 가는 길에 그때서야 생각났습니다. 제 어린 시절의 대부분을 할머니와 함께 보냈다는 것이요.
저희 집은 제가 유치원 다닐 때부터 초등학교를 졸업할 때까지 비디오 가게를 했습니다. 제가 중학생일 땐 화장품 가게를 했구요. 할머니는 늘 엄마를 대신해 가게를 지키시거나, 저와 동생을 돌봐주셨습니다. 할머니는 심지어 제가 아주 어렸을 땐, 엄마를 대신해 함께 소풍도 갔고 동생이 교통사고로 입원했을 땐 늘 병원에 있는 엄마를 대신해 제 곁에 있어주셨습니다.
드라마도 함께 봤고, 비디오도 함께 봤습니다. 서울로 이사 가기 전까지, 할머니는 늘 함께였습니다. 미국에서 이모 가족이 놀러와 저희 집에 지내게 될 때면 할머니도 함께 서울에서 지내셨죠. 지금은 곁에 없는 낯가림이 심한 우리 애니도 할머니는 참 좋아했고, 늘 할머니 무릎에서 잠을 자곤 했습니다.

집안 사정이 어려운 나머지, 할머니를 자주 못 뵙고 지낸 지도 어느새 5년이 넘었고, 바쁜 나머지 할머니께 문병을 다녀온 것도 작년 겨울이 마지막이었습니다. 그렇게 소중하디소중한 할머니를 손 한번 못 잡아드리고 떠나보냈습니다.

우리 할머니는 상당히 멋쟁이셨습니다. 늘 화려한 양산에, 고운 옷에, 예쁜 모자와 안경을 쓰셨습니다. 마치 일본의 고운 할머니들처럼요. 늘 깔끔하게 차려입지 않으면 집 밖을 나서지 않았던 할머니를 저와 엄마는 쏙 빼닮았습니다.
할머니는 남들에게 폐 끼치는 걸 너무도 싫어하셨습니다. 당뇨로 걷기가 불편해지셨을 무렵, 당신의 느릿느릿한 걸음 때문에 사람들을 기다리게 하는 것이 싫어서, 버스 타는 것을 그만두셨다고 들었습니다.

할머니의 김치와 고추장은 정말 일품이었습니다. 저희 집 고추장은 외할머니 손맛이라고 정해져 있었으니까요. 제가 요리를 잘하셨던 할머니를 닮았으면 참 좋겠습니다.

할머니,
그때 찾아갔을 때 제 손을 잡고 그러셨잖아요.
"너 시집가는 것은 보고 떠나야 하는데."
저랑 손 꼭 잡고 약속하셨으면서, 그렇게 가시면 어떡해요.
할머니랑 드라마 보면서 나쁜 연놈 하며 욕해야 하는데,
할머니한테 요리를 배웠어야 하는데.

히요코의 카피는 옳았습니다.
시골 혹은 고향의 개념이 없는, 우리 세대에게 고향 가는 길이란,
할머니에게 가는 길입니다.
할머니가 차려주시는 밥을 먹으러 가는 길입니다.
할머니에게 "우리 강아지 벌써 이만큼 컸네"라는 소리를 들으러 가는 길입니다.
마음껏 어리광도 부리면서, 다 컸다고 어른인 척하러 가는 길입니다.
하나뿐인 고향을, 저는 그렇게 잃었습니다.

고마워라고
말하고 싶어졌다.

하지만 말하지 않는다.
그래도 말하고 싶다.

예를 들면 43+45의 풀문

JR 풀문
서로에게서 잠시 잊혔던 얼굴도 만나보세요.

매체 | 인쇄 광고
소재 | 기차여행

우리 아빠는 거짓말쟁이입니다.
사실은 수고했다, 고맙다 생각하면서도 말 못하고 도리어 화를 냅니다.

우리 엄마도 거짓말쟁이입니다.
사실은 고맙다, 고맙다 생각하면서도 말 못하고 그저 화를 낼 뿐입니다.

말하고 싶지만 말하지 않습니다. 마음속으론 수백 번, 수천 번 서로에게 말했을 것을 입 밖으로 내놓기가 참 힘듭니다.

아빠는 결혼 30주년이 되었음을 알고 있으면서 모른 척하셨습니다. 엄마는 아빠가 모를 거라며 모른 척하셨습니다. 결혼 30년 만에 아버지는 표현이란 것을 하셨습니다. 물론 고맙다고 직접적으로 하진 않았지만 먼 타국에서 두 딸에게 전화를 걸어 이벤트 준비 명령을 내리시고 직접 지휘하시면서 엄마를 깜짝 놀라게 할 선물을 마련하셨습니다. 고맙다고 말하진 않았지만 사실상 말한 것이나 다름없죠. 왜 반지냐는 질문에 엄마 열 손가락에 30년간 반지가 없어서, 라고 말하셨고 그걸 알고 있었네, 라며 모처럼 환하게 웃는 엄마는 살짝 글썽이셨습니다. 저는 두 분을 위해 맛있는 저녁을 준비했고 동생은 케이크와 꽃다발을 준비했습니다. 모처럼 네 식구가 모여 사진도 찍으며 시끌벅적했습니다.

싸우면서, 미워하는 척하면서, 냉랭해진 척하기 고수인 우리 부모님. 밥을 먹으면서 지켜보자니, JR광고가 생각났습니다.

부부의 나이를 합쳐서 88세 이상이 되면 신청할 수 있는 여행 패키지, 바로 '풀문'입니다.

JR의 네이밍 센스는 탁월합니다. '청춘18티켓'이라든가, 크리스마스에만 운영되는 '신데렐라 익스프레스'라든가, 여름방학을 위한 '허클베리핀 익스프레스'라든가 모두가 딱 그때의 기차여행에 대한 로망이 적절하게 담긴 네이밍이죠. 그 감각이 부부를 위한 기차여행에도 발휘되었네요.

왜 풀문일까요.

신혼여행인 허니문과는 달리 성숙해진, 이제는 서로를 가득 채운 부부의 여행답게 보름달, 풀문인가 봅니다. 풀문의 광고들은 함께 늙어가는 부부의 낭만이 물씬 풍깁니다. 30주년을 맞이한 부모님들의 모습을 보니 언젠가 '풀문'을 한번 보내드려야겠다는 생각이 듭니다. 두 분이 여행을 함께 떠나는 것은 아마 허니문 이후 처음이지 않을까 싶습니다. 고맙다는 말 한 마디 서로 주고받지 않으면서, 알면서도 모른 척하면서 30년을 함께하신 걸 보면 신기합니다.

그런 것이 부부라는 걸까요. 말을 아끼다가 결국 토라지고 헤어지기도 하는 연인과는 그래서 다른 걸까요. 어두운 하늘에 보름달처럼 빛나는 인연이 된 우리 엄마 아빠, 앞으로도 오순도순 함께해요. 가끔은 서로에게 고맙다는 얘기도 솔직하게 주고받으면서. 그리고 보름달 여행 한번 가셔야죠.

그래 그래.
그런 얼굴로 웃는 사람이었지, 당신은.

이런 풀문의 또 다른 카피처럼,
서로에게서 잠시 잊혔던 얼굴도 만나보세요.
물론 제가 보내드리겠습니다.

별의 수만큼 사람이 있어
오늘밤 당신과 마시고 있다.

산토리 히비키

산토리 히비키

밤하늘의 별은 결코 혼자 빛나지 않습니다.
당신은 혼자가 아니에요.

매체 | 인쇄 광고
소재 | 위스키

야근을 하다가 습관적으로 메신저에 누가 남아 있는지 봅니다. 그리 많지도 않고, 지금 내 옆자리에 있는 것도 아니지만 한두 명의 사람들이 다른 회사에서, 다른 자리에서, 다른 프로젝트로 야근을 하고 있습니다. 그들의 아이디에 '온라인' 표시가 되어 있는 걸 보면 동지애를 느끼곤 한답니다.

처음으로 그런 기분을 느낀 것은 2006년 아시아 태평양 광고제. 태국 파타야에서 열린 이 광고제는 회사에서 보내준 기회였습니다. 행사장의 문을 열고 들어갔을 때 다른 회사, 다른 자리, 다른 프로젝트뿐만 아니라 다른 언어, 다른 국적, 다른 생김새를 가진 사람들이 가득 있었습니다. 많은 것이 달랐고, 서로 주고받을 대화조차 없었지만 내 안을 가득 채우던 것이 있었죠. 아, 이들도 나와 똑같이 일하고 있겠구나. 이 넓디넓은 지구에서 우리는 모두 같은 일을 하고 있구나. 아무것도 통하지는 않겠지만 뭔가 통하는 게 있긴 하겠구나. 마치 기나긴 전쟁을 함께 치르고 있는 동지를 만난 것 같은 기분. 같은 전쟁을 각기 다른 지역에서 치르다가 우연히 어느 한자리에서 마주친 기분. 같은 하늘 아래 누군가가 나와 함께 밤을 지새우며 고된 싸움을 하고 있을지도 모른다는 생각이 들었습니다. 사람은 고독한 존재지만, 고독하지 않은지도 모르겠습니다.

산토리 히비키의 카피도 그런 얘기를 전해주는 듯했습니다.

어느 밤이든 술 한잔 기울이지 않는 사람이 없을 리 없습니다.
어느 밤이든 고민 가득 채우지 않는 사람이 없을 리 없습니다.
어느 밤이든 두 눈을 꼭 감고 수많은 생각을 꾹꾹 눌러 삼키는 사람이 없을 리 없습니다.

지구 반대편에서도, 지금 내가 있는 주변 어딘가에서도 늦은 밤의 인생들은 서성이고 있을 겁니다. 삼킬 곳을 찾아서, 그리고 혼자 있을 수 있는 곳을 찾아서. 위로라는 것이 굳이 "힘내라, 괜찮아, 잘될 거야"라는 말을 필요로 하는 것은 아닙니다. 이 세상에 나 혼자 남겨진 것이 아님을 알게 되는 순간, 나도 모르게 위로받는 것이죠.

산토리 히비키의 카피가 그 이름 그대로 '響き-울림'을 전해주는 이유는, 저 술은 왠지 혼자 마셔도 혼자 마시는 것이 아닌 것처럼 느껴질 것 같아서 아닐까요. 누군가가 곁에서 위로를 하지 않아도 나는 혼자 남겨진 사람이 아니라고 얘기해주는 것 같기 때문입니다. 그 순간 내가 밤하늘의 별이 될 것 같기 때문입니다.

밤하늘의 별은 결코 혼자 빛나지 않습니다. 당신은 혼자가 아니에요. 아픈 것은 당신만이 아니에요. 나만 외로운 게 아니에요. 오늘밤 마음이 적적하다면 누군가를 향해 말해봐야겠어요. 분명 저 어딘가에서 그 답이 들려올지도 모르니까요.

건배.

어렸을 때 좋아한 음식이 지금도 역시 좋고
젊었을 때 열중했던 음악이 지금도 역시 좋고
예전에 소중했던 친구들이 지금도 역시 소중하다고 생각한다.

아무리 시간이 흘러도 아무리 세상이 변해도
조금씩, 조금씩밖에 변할 수 없는 인간에게 왠지, 안심합니다.

어제와 같아서 맛있다. 어제와 달라서 맛있다.
메이지 가게의 선물

메이지제과
어제의 것, 과거의 것에 대한 무조건적인 좋은 감정,
이것은 집착도 아니고 미련도 아닙니다.

매체 I TV 광고
소재 I 기업PR(과자)

직장생활 2년차가 되었을 무렵입니다. 늘 시간이 안 나고 야근을 정말 밥 먹듯이 하던 그 무렵 우연히 콘서트 티켓을 손에 넣었습니다. 유명한 연예 기획사의 가수들이 모조리 출연하는, 오직 직장인을 대상으로 하는 콘서트. 꼭 가고 싶다고 두 손 모아 곱게 빌었는데, 정말 다행히도 그날 일이 일찍 끝났습니다.

회사 동료와 함께 들썩들썩한 기분을 안고 공연장으로 달려갔습니다. 좌석이 정해져 있지 않아 일찍 들어간 사람이 좋은 자리를 차지할 수 있었죠. 저와 동료도 최대한 앞자리에 앉으려고 노력했습니다. 막상 노래가 시작되고 가수들이 무대에 오르자 좌석 따윈 사라지고 말았어요. 다들 일어났다가 앞으로 뛰쳐나갔다가 이성을 잃고 소리를 질렀습니다. 분명 직장인인 우리보다 훨씬 어린 가수들을 향해서.
무척이나 좋아하는 분위기인데도 체력이 예전 같지 않은 우리는 그 그룹에서 빠져나와 멀찍감치 편하게 서서 음악을 감상했답니다. 몸싸움을 할 만큼의 기운도 없고 피곤했고 또 귀찮았기 때문이었죠. 다들 체력도 좋아, 하면서. 가까이서 보니까 잘생겼네, 하면서.

그러다가 공연 막바지 무렵에 일이 벌어졌습니다. 이제 한창 때를 지나버린, 더 이상 TV에선 볼 수 없는, 우리가 고등학교 때 절정의 인기를 누리던 가수가 등장한 거죠. 그들 최고의 히트곡을 부르면서.

이게 뭔 일인가. 지금 최고의 인기를 누리는 아이돌 저리 가라 할 정도의 환호성과 흥분이 공연장을 뒤덮었습니다. 그뿐인가요. 힘들다며 관망하고 있던 동료와 저도 어느새 아드레날린을 분출하고 있었습니다. 고등학교 때로 돌아간 것처럼 말이죠. 소리를 지르고 뛰고 한마디로 정신줄을 놓아 버렸어요. 그 공연장에 모인 모든 직장인이 마찬가지였답니다. 그날 콘서트에서 가장 많은 환성을 얻은 가수는 '왕년의 스타'였습니다.

그런 건가봅니다. 어렸을 때 먹었던 아이스크림이 지금도 좋고, 어렸을 때 좋아했던 가수가 지금도 좋고, 어렸을 때의 친구들이 지금도 좋습니다. 무언가에 열중하거나, 이유 없이 좋아하거나, 바보처럼 굴거나 그랬던 것을 함께 공유한 그들 모두가, 지금도 좋은 것이죠. 세월이 흘러 아이스크림 맛은 조금 변했고, 가수는 예전의 기량을 발휘하지 못하고, 친구들은 사회에 물들었지만, 그럼에도 그건 나와 함께 성장한 거라고, 함께 나이 들어가는 것이라고 생각하니 지금도 좋은 것입니다. 그건 나만의 일은 아닌 것 같습니다. 술자리에서 어렸을 때 봤던 만화영화 얘기에 다들 흥분하고 드라마 얘기에 열광하는 것을 보면 말이죠. 서로 앞서가려고 몸부림치는 세상 속에서 이런 모습을 볼 때마다 메이지의 카피에 공감하게 됩니다. 나 역시도 조금 안심하게 되니까요.

어제의 것, 과거의 것에 대한 무조건적인 좋은 감정. 이것은 집착도 아니고 미련도 아닙니다. 그 시절을 함께 보낸 동료애라고나 할까요. 추억이란 이름 아래 모이면 모두가 그냥 그리운 것이 된다고나 할까요. 그렇게 보면 타임머신은 이미 존재하고 있는지도 모르겠습니다. 과학은 이렇듯 사람의 마음보다 늘 뒤처집니다.

인간이 인간으로 있는 한
뉴스는 일어난다.

아사히신문

아사히신문
'인간'이 있으면 심심하지 않잖아요.
뉴스가 일어날 테니까요.

매체 | 인쇄 광고
소재 | 기업PR(신문)

세상에 뉴스는 왜 일어날까.
이런 생각을 단 한 번도 해본 적 없었는데
아사히신문의 카피는 내게 이런 질문을 던져주고 또 그 답까지 알려주는 것 같았습니다.

바로 인간이기 때문에, 인간이 매우 인간적이기 때문에, 뉴스는 그래서 일어나는 것이라고.

인간이 실수투성이라서, 라고.
만약 일처리를 완벽하게 한다면 모든 일은 어떤 탈도 없이 끝날 테지만 꼭 실수를 하기 때문에 사고가 일어나는 거라고.

인간이 잔혹하기 때문이라고, 지켜야 할 도덕을 부수기 때문에
세상을 경악하게 하는 사건이 발생하는 것이라고.

인간이 욕망의 덩어리라서, 라고.
그것을 참지 못해서 결국 일을 저지르는 거라고.
타인의 것을 훔치고 있는 거라고, 타인을 짓밟아 올라서는 거라고, 세상을 함부로 보는 거라고.

인간이 이기적이기 때문, 이라고.
자기만 편하면 된다고 생각한다고, 그래서 세상의 규칙을 망가뜨리거나 자신보다 약한 생물을 해치는 것은 아무렇지도 않게 생각한다고.

하지만 소위 우리가 인간미, 인간의 맛이라고 부르는 단어를 살펴보면, 그 뜻은 이기적이고 잔혹한 욕망의 덩어리를 가리키진 않습니다. 따뜻하고 상냥하고 남을 배려할 줄 아는 사람에게 '인간미'가 넘친다고 말하니까요. 여기서 인간이란 단어는 매우 긍정적인 것입니다.
우리네 마음 어딘가, 인간이란 그런 존재라고 정의내리고 있는지도 모릅니다. 아니, 그렇게 믿고 싶은 건지도 모르겠습니다.

『나츠메 우인장』이라는 만화에선 이런 얘기가 나옵니다.
상냥한 것을 좋아하고, 따스한 것을 좋아해서, 인간을 좋아한다고.
요괴가 한 말인데, 이 말에 위로받게 되는 것은 나도 인간이기 때문일 것입니다. 스스로 인간이면서 인간이 제일 무섭고 냉혹하다고 믿어 왔기 때문일 것입니다. 내 안에도 그런 모습이 있을지 몰라 두려웠는데, 그 요괴가 아니라고, 당신은 사실 따뜻한 사람이라고 말해줬기 때문인가 봅니다.

일기예보에서 오늘의 날씨, 기온만 알려줘도 충분한 것을 때로는 개화 소식도 전해주고, 때로는 나들이 소식도 전해주고, 첫눈 소식을 전해주는 것도, 12월이 되면 성금 모금 소식이 들리는 것도. 간간이 누가 기부했다든가, 누군가의 제보로 정의를 되찾았다든가 하는 것들도. 아무런 보답 없이 환경 보호를 위해 자신을 버리는 사람들이나 그저 옳은 신념을 위해 맞서 싸우는 사람들에 대한 이야기들도. 어쩌면 이런 것들이 그 요괴가 인간이 좋다고 말한 이유 중에 포함되어 있지 않을까요? 이런 것이 인간의 맛, 아닐까요.

무인도에 혼자 떨어지게 될지도 모를 때, 그때 꼭 데려가고 싶은 것 하나를 고르라면 나는 '인간'을 고를 것 같습니다. '인간'이 있으면 심심하지 않잖아요. 뉴스가 일어날 테니까요.

여기가 아닌 어딘가는
어디에도 없을지도 모른다.

니카이도

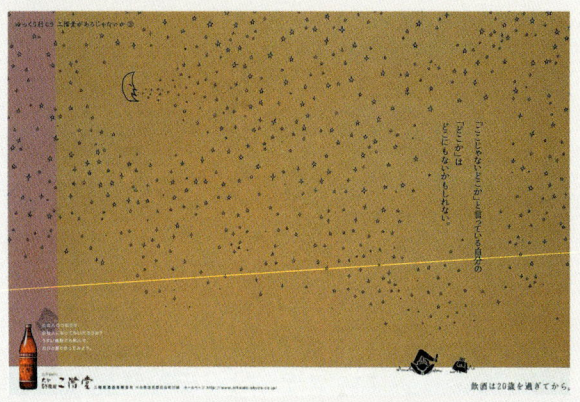

니카이도
술을 마시는 수많은 이유 중 하나는 아마도
스스로에게 던진 질문을 잊어버리고 싶어서일지도 모르겠습니다.

매체 | 인쇄 광고
소재 | 보리소주

이직은 정말 힘듭니다. 회사를 알아보는 것도 힘들고, 이력서와 포트폴리오를 준비하는 것도 힘들고, 면접 보는 것도 힘들고, 연봉 협상도 힘들고. 무엇보다 가장 힘든 것은 새로운 자리, 새로운 곳, 새로운 사람들에 대한 적응. 다시는 하지 말아야겠다는 생각이 들 정도로, 힘들어서 살이 빠질 정도로 스트레스를 주는 이직이 저는 정말 싫었습니다.

그런 일을 겪을 거라는 것을 처음에는 모르면서 옮겼지만, 어쩔 수 없이 알면서도 또 옮기게 됩니다. 그게 바로 대부분의 직장인이 생각하는 '여기가 아닌 어딘가 찾기'겠죠. 여기에 쌓인 스트레스와 자신이 해결할 수 없는 문제점들을 두고 나름 리셋 같지 않은 리셋을 하고 새롭게 시작하고 싶은 거겠죠. 정말 그 회사에 가고 싶어서 가는 사람도 있을 거고, 현실도피 겸 가는 사람도 분명 있을 겁니다. 저는 두 가지 다 해당하기도 했습니다. 하지만 세월이 지나고, 이직도 한두 번 해보니 한 가지 깨달은 사실이 있습니다. 분명 몇몇 사람은 이 사실을 알고 있을 것입니다.

'여기'를 떠난다 해도 '거기'에도 문제가 있다는 것을요. 문제는 해결되지 않는다는 것을, 사실 어딜 가도 똑같다는 것을, '어딘가'는 정말 어디에 있는지 알 수 없는 '이상향'이라는 것을. 어디든 나름의 문제가 있으니까요.

친구가 묻습니다, 좋은 자리 없느냐고. 요즘의 저는 답합니다, "다 똑같아"라고. 물론 업무 환경은 다르겠지만 그곳 나름의 스트레스가 있을 거라고. 어쩌면 여기의 문제는 여기서 해결할 수밖에 없는 거라고. 일개의 직장인일 뿐인 우리가 뭘 할 수 있을까 생각해보면 물론 답은 안 나오겠지만요. 그것을 아는 사람이 이젠 많아졌는지 제 주변엔 자리를 알아보는 사람이 줄어들고 있습니다. 그러다가 이런 질문이 떠올랐습니다. 제가 지금 이 자리에서 잘해보겠다는 건 현실을 냉정하게 파악하는 걸까요? 아니면 더 이상 욕심을 내지 않는 걸까요? 더 좋은 곳에 대해 막연한 기대감조차 없는 것은, 꿈을 잃은 걸까요? '어딘가'가 없다고 생각하는 것은 저 역시도 삭막한 사회인이 되어버려서일까요? 아니, 회사인이 되어버려서일까요?

술을 마시는 수많은 이유 중 하나는 아마도 답을 내고 싶지 않아서라기보다 내가 스스로에게 던진 그런 질문이 있었다는 사실을 까마득하게 잊어버리고 싶어서일지도 모르겠습니다.

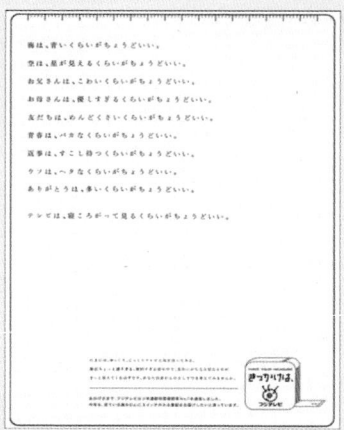

후지테레비
지금의 나는 딱 좋습니다.
앞으로의 나는 더더더 좋습니다.

매체 | 인쇄 광고
소재 | 기업PR(방송)

바다는, 푸른 정도가 딱 좋다.
하늘은, 별이 보일 정도가 딱 좋다.
아버지는, 무서운 정도가 딱 좋다.
어머니는, 많이 자상한 정도가 딱 좋다.
친구는, 귀찮은 정도가 딱 좋다.
청춘은, 바보스러운 정도가 딱 좋다.
담장은, 조금 기다리는 정도가 딱 좋다.
거짓말은, 서툰 정도가 딱 좋다.
고마움은, 많은 정도가 딱 좋다.

TV는, 뒹굴면서 보는 정도가 딱 좋다

Have your measure
계기는 후지테레비

TV를 보고 있으면, 나는 내 기준을 무너뜨리게 됩니다. '어느 정도'가 행복의 기준인지 가끔 혼동하게 되는 것입니다. 물론 머리로는 알고 있습니다. 드라마 속 현실과 진짜 현실 사이에는 격차가 꽤 있다는 것을. 하지만, 우리는 알고 있다고 생각하지만 사실은 잘 모르는 경우가 꽤 있습니다. 현실에서 드라마 같은 일이 일어나진 않는다는 것은 분명 알고 있습니다. 그럼에도 그런 일이 일어나지 않는 자신의 현실이 괜히, 싫은 것입니다. 이 쓸데없는 열등감.

후지테레비의 카피가 무작정 좋았던 것은 누구나 동의할 수 있는 행복의 '어느 정도'가 있기 때문인지도 모르겠습니다. 이 나이엔 저 정도는 해야 성공한 건가? 저 정도로 살아야 잘 사는 건가? 친구는 저 정도로 사귀어야 하는 걸까? 아아, 나는 고등학교 때 왜 저 정도로 즐기지 못했을까? 내 청춘은 왜 저들만도 못했던 걸까? 사랑은 저렇게 해야 하는 걸까? 이런 나의 의문들을 해결해주는 느낌이랄까요.

생각해보면 정말 그렇습니다. 하늘에 많은 것을 바라지 않습니다. 별이 보이는 정도면 딱 좋지요. 바다는 푸른 것이 제일이고, 겨울은 겨울답게 추운 것이 좋고, TV는 꼭 벽걸이가 아니어도 좋고, 크지 않아도 좋고, 풀 HD 화질이 아니어도 좋습니다. 휴일에 그저 뒹굴면서 보면 그걸로 제일 행복한 거지요. 이건 누구나 TV에 대해 느끼는 공감대일 것입니다. 집은 한 가족이 모여 저녁을 먹을 수 있을 정도면 사실 살 만한 것이고, 사랑은 드라마에서처럼 과하면 골치 아플지도 모릅니다. 가슴이 따끔한 정도가 딱 좋습니다. 결혼은 가끔 싸우는 정도가 딱 좋고, 자식은 약간 귀찮은 정도가 딱 좋을지도 모르지요. 인생이 술술 풀리는 것도 좋지만 오히려 약간 엄격한 편이 자신을 성장시킬 수 있어서 딱 좋을 것입니다.

우리 가족은 종종 함께 저녁을 먹으며 지금 정도면 괜찮은 거지, 라는 이야기를 나눌 때가 있습니다. 한때 집이 정말 어려웠을 때를 생각해보면 지금의 상황은 나쁘지 않아요. 나쁘지 않은 정도가 아니라 행복한 편이지요. 강아지에게 간식도 사줄 수 있고, 가끔 인터넷으로 예쁜 옷도 사 입고, 후배들 식사도 사줄 수 있고, 엄마와 일주일에 한 번 백화점 구경도 하고, 퇴근길에 동생과 나눠 먹을 간식거리도 장만하고, 보고 싶은 드라마도 실컷 보고. 이런 것들을 전혀 할 수 없었던 때에 비하면 정말 정말 행복한 것이라고 생각합니다.

후지테레비의 카피를 읽고, 나 자신의 기준을 잃지 말아야겠다고 다짐해봅니다.

행복의 조건이 무엇이냐는 질문을 받았을 때, '행복하다고 생각하는 것'이라는 답을 내린 건 나 자신이에요. 누가 보면 너무 소박한 거 아니냐고 하겠지만 이상이 높은 것과 지금의 자신을 긍정하는 것은 전혀 다른 일이라고 생각하거든요.
예를 들자면, 이런 겁니다.
지금의 나는 딱 좋습니다. 앞으로의 나는 더더더 좋습니다.

작은 네가 올해의 여름을 잊어버려도,
엄마가 계속 기억해둘게.

글리코유업

글리코유업
엄마가 나를 기억하느라 지금의 당신을 잊어버려도,
내가 계속 기억해둘게.

매체 | 인쇄 광고
소재 | 기업PR(유아용 유제품)

밥 먹다가, 엄마가 문득 말을 꺼냈습니다.

"넌 어쩜 밥 먹는 게 어릴 때랑 똑같니?"
"어떻게 먹는데?"
"그냥 똑같아. 니 동생도 그렇고 다른 건 다 변했는데 먹는 건 똑같아."

그때는 그냥 넘겼지만 저 카피를 읽고 나니 저도 모르게 눈물이 나려고 합니다.
엄마는 사실 자주 잊습니다. 뭘 어디다 뒀는지 잘 기억 못하시지요. 심지어 길에서 절 만나도 깜짝 놀라곤 합니다. 내 딸이 이렇게 컸나, 하세요.

이런 생각이 들었습니다. 어쩌면 엄마는 내 어린 시절에 대한 기억으로 당신의 기억 창고를 다 채운 것은 아닐까. 처음 한 말, 처음 본 영화, 옷은 주로 뭘 입었고 버릇은 어땠고 작은 거 하나하나 다 기억해두느라 기억 창고를 몽땅 채운 것은 아닐까. 엄마는 지금도 앨범을 꺼내보면 정말 잘 기억합니다.

"그래, 넌 이 옷을 좋아했어."
"너랑 극장에서 처음 본 영화는 〈소림사〉야."
"동물원 갔던 거, 기억 안 나지?"

막상 '나'라는 사람은 다 잊어버렸는데 말이죠.
모든 사람들이 정해진 용량의 기억 창고를 갖고 태어난다면, 그렇다면, 그 기억 창고를 채우는 것은 소중한 사람과의 추억이겠죠. 대부분은 자식의 어린 시절일지도 모릅니다. 저 역시도 막상 그때가 되면 기억 창고의 절반은 물론 전부를 내줄지도 모르지요.

하지만 지금은요, 절반은 나의 가정을 위해 쓰더라도 나머지 절반은 부모님을 위해 채우고 싶어졌습니다.

엄마가 나를 기억하느라 지금의 당신을 잊어버려도,
내가 계속 기억해둘게,

라고 약속하고 싶어졌습니다.

당신이 보고 싶어하는 사람도 분명,
당신을 보고 싶어하고 있다.

JR토카이

JR토카이
만약 내가 보고 싶은 거라면,
나도 너를 보고 싶어하는 거란다.

매체 | 인쇄 광고
소재 | 기차여행

한 노숙자가 있습니다.
그는 어떤 집의 쓰레기통을 뒤지다가 버려진 아기를 발견합니다.
아기가 너무도 해맑게 그를 보고 웃습니다.
그는 그 아기를 기르기로 합니다.
그의 인생은 아기로 인해 바뀌었습니다.
아기를 키우기 위해 일을 시작했거든요.
아이를 위해 바치기 시작한 인생,
그런 마음을 알아준 것인지
아이는 그가 바라던 것 이상으로 똑똑하게 자랍니다.
게다가 효녀입니다.

두 사람에게 흐르는 피는 전혀 달랐지만,
그보다 사이좋은 부녀지간이 없다 싶을 정도로 말이죠.
(드라마 속에서는 어떤 이유로 아이를 남장시킵니다.)

일본드라마 〈세기말의 시〉는 원래 슬프고 잔혹한 드라마입니다. 이토록 훈훈한 부녀 사이를 그냥 내버려둘 리 없습니다. 시련이 찾아옵니다. 아이의 친부모가 나타납니다. 그것도 정말 잘사는, 부자인, 똑똑한 아이의 장래를 위해서라면 너무도 좋은 환경인.

아버지는 딸의 장래를 위해 싫다는 딸을 억지로 그 부모에게로 돌려보냅니다. 둘은 울면서 헤어집니다.

훗날, 아이가 보고픈 아비를 찾아 둘만의 보금자리를 찾습니다.
그러나 아버지는 이미 그 집을 떠나고 없었습니다.
딸은 그저 아쉬운 얼굴로 돌아설 뿐입니다.

그리고 아버지는, 천진난만하게 웃던 아기를 만나기 전으로 돌아갑니다.
열심히 살아야 할 이유를 잃어버린 듯, 길거리로 돌아갑니다. 다시 집을 버립니다.

그 둘은 이대로 헤어지는 걸까요.
이대로 영영 만나지 못한 채 서로 갈 길 다른 인생을 살아가는 걸까요.
그런 걱정으로 마음이 엉망이 된 그때, 엔딩크레딧이 올라가면서 존 레논의 음악이 흐릅니다.
흑백 영상으로 노숙자였던 아버지가, 아기를 만나던 모습을 보여줍니다.

자막이 뜹니다.

헬로우 베이비.
만약 내가 보고 싶은 거라면,
나도 너를 보고 싶어하는 거란다.
분명 분명 보고 싶은 거란다.

저는 여기서 통곡해버렸습니다. 아버지가 딸에게 얘기하는 것 같았거든요. 걱정하지 말라고. 네가 나를 그리워하는 동안엔 나도 분명 너를 그리워하고 있는 거라고.
우리는 마음으로 이어져 있다고. 우리의 그리움은 통하고 있다고.

멀리 떨어져 있어도, 각자 인생이 지금 이 순간부터 달라질지라도
그리움이 텔레파시처럼 통하고 있다면, 그것이 계속된다면 그것만으로도 살아갈 수 있다고.
우리는 계속 만나고 있는 거라고 말입니다.

카피로만 접해서 JR의 광고가 어떤 광고인지는 모릅니다. 제 추측이지만 JR의 카피는 여기서 한 발 더 나아가 망설이지 말고 그 사람에게 달려가라고 말하는 것 같습니다. 분명 그 사람도 당신을 그리워할 테니까, 그러니까 얼른 기차표를 끊고 그 사람을 향해 달려가라고. 그 자리에서 마냥 그리워하고만 있지 말라고 말이죠.

정말 보고 싶어한다 해도 이 그리움이 그저 일방통행일 수도 있고, 정말 보고 싶어하는 사람이 분속이든 시속이든 기차든 비행기든 어떻게든 갈 수 있는 그런 거리의 인물이 아니라 아득히 먼 시간 속의 인물일 수도 있습니다. 그리워만 하다가 만나지 못하다가 그렇게 잊힐 수도 있는데, 이렇듯 내가 보고 싶어하는 사람이 나를 그리워하고 있다니 얼마나 가슴 벅찬 일일까요.

하지만 이런 생각도 들었습니다.

우리의 그리움이 서로 통하고 있다는 사실을, 항상 알 수 있는 방법은 없을까요?
통하기도 어렵지만 서로의 마음이 통하고 있다는 것을 안다는 것은 더욱 쉬운 일이 아니잖아요. 사람의 마음은 불투명해서 보이지 않고 그래서 늘 우리는 혼자라는 생각에 고독해지곤 합니다.
사람과 사람 사이에 놓인 거리는 눈 깜짝할 사이에 멀어져만 갑니다. 기차는 그 사이의 거리감을 줄이는 역할을 하긴 하지만, 아무리 빠른 기차라 하더라도 이미 멀어질 대로 멀어져버린 그 간격을 메울 수는 없을 겁니다. 시간과 공간은 절대적인 것이 아니라 상대적인 것이라 간격을 메운다는 것은 시공간을 초월해야 한다는 의미기도 하니까요. 그런 기차가 있어서 그리움이 늘 통했으면 좋겠지만. 서로가 그리워하고 있다는 사실을 서로 알고 있으면 좋겠지만. 그래서 세상에 만나지 못할 사람이 없다면, 정말 좋겠지만.

결국, 저 아버지와 딸은 다시는 만나지 못할 것 같습니다.

DREAMS
COME
TRUE

몇억 인의 사람들 중에서
어떻게 단 한 명의 좋아하는 사람을 만날 수 있을까.

GREATEST HITS THE SOUL
2000.2.14 IN STORES

DREAMS COME TRUE
우리 모두의 만남은 수억 분의 일이라는 확률 속에서 이루어집니다.
정말 특별해질 이유가 전혀 없는 사람들이 만나서 특별해집니다.

매체 | TV 광고
소재 | 음반 발매

매일같이 지하철을 탑니다. 수많은 사람과 같은 공간에 있습니다. 그 사람들은 매일 보는 사람이 아닙니다. 조금 시간대가 다르면 함께하는 사람도 바뀝니다. 나는 지하철에서 정말 수많은 사람을 만납니다. 출근 시간에도 퇴근 시간에도 그리고 외출할 때도 계속 사람을 만납니다.

버스를 탈 때도 마찬가지입니다. 회사 건물의 엘리베이터에서도 백화점에서도 수없이 많은 사람과 부딪칩니다. 극장에서는 많은 사람과 같은 감정을 공유하기도 합니다. 그것은 학교를 다니면서도 그렇습니다. 초등학교, 중학교, 고등학교, 대학교 내내 사람과 만나고 있습니다. 회사에서도, 다른 회사에서도. 심지어는 길거리에서도. 여행지에서도. 나는 태어나면서부터 얼마나 많은 사람을 만나며 사는 걸까요. 어쩌면 가장 많이 한 일이 사람과 만나는 일인지도 모르겠습니다. 한 반의 친구로 지냈지만 특별해지지 않는 경우도 있습니다. 오히려 다른 반 친구와 가까워지기도 합니다. 우연한 기회에 만난 사람이 연인이 되기도 합니다.

만남이란 정말 불가사의합니다. 카피에 쓰인 그대로, 세상엔 수억의 사람이 존재하는데 나의 친구가 된다거나 애인이 된다거나 가족이 되거나 동료가 되거나 하는 사람은 극히 일부에 불과합니다. 운명은 믿고 싶지 않지만, 인연은 믿고 싶어진다고나 할까요. 나는 한때 이 '인연'이란 것을 잘못 해석했는지도 모릅니다. 나 역시도 운명이라든가, 드라마 같은 인연을 꿈꿨던 적 있습니다. 우연에 이끌려 사람을 만나고, '아, 이 사람이다'라는 계시를 받는. 정말 하늘이 내려준 인연. 보는 순간, 첫눈에 알아보는 듯한 그런 것. 그래서 이 사람이 늦게 나타나면 어쩌지 하는 걱정. 내가 마흔이 되고 애 엄마가 됐을 때, 갑작스럽게 새 인연을 만나면 어떡하지라는 어이없는 우려. 그런데, 사실 그럴 필요가 없었던 거였습니다. 'DREAMS COME TRUE'의 카피는 말합니다. 수억의 사람 중에 내가 좋아하는 단 한 명의 사람을 만나게 되는 것에 대한 경이로움을요.

그래요. 우리 모두의 만남은 수억 분의 일이라는 확률 속에서 이루어집니다. 정말 특별해질 이유가 전혀 없는 사람들이 만나서 특별해집니다. 거기에는 규칙이 없습니다. 예외만 존재합니다. 아무리 대단한 수학자라 하더라도, 인연의 확률은 계산할 수 없을지도 모릅니다.
매일 드라마 같은 사랑이나 인연을 꿈꾸고, 순정만화 속의 기막힌 우연에 가슴 설레곤 하지만
나와 내 주변 사람들과의 만남이야말로 사실은 드라마고 순정만화고 기막힌 우연의 집합체인 것입니다.
정말 좋아하는 만화책 『17세의 나레이션』에는 이런 질문이 나옵니다.

네가 사랑하는 사람에게서만 사랑을 받고 싶니?
아니면 사랑하는 사람을 제외한 모든 사람에게서 사랑을 받고 싶니?

답은, 처음부터 너무도 확실했습니다. 모든 사람과 사랑하는 사람, 이 두 부류를 놓고 비교하는 것은 불가능합니다. 수억 명의 사람과 단 한 명의 가치는 이루 말할 수 없는 것입니다. 어린 왕자에게 장미꽃의 의미가 그랬

듯, 세상에 널린 것이 사람이지만 그 사람은 이 지구상에, 아니 태양계에, 우주까지 범위를 넓혀도 단 한 명인 것이니까. 막상 일상 속에서는 전혀 깨닫지 못하는 사실이지만 한 발짝 물러서서 바라보면 영화 같고 드라마 같지 않은 인생 따윈 없는 거더군요.

수억 분의 일의 확률로, 기적이라고밖에 말할 수 없는 인연으로 만들어지는 이야기. 당신과 내가 그 안의 주인공이라는 사실을 알고 사는 편이 자긍심을 갖고 사는 거겠지요. 물론 자꾸 잊게 되는 일이긴 하지만요.

저 사람도,
한잔해보면
좋은 사람일지도 몰라

좋은 사람이라는 것을 알고 마시면,
좋은 사람이기 때문에 놀라지 않아.
'좀… 그래'라고 생각하고 마셨는데,
좋은 사람이었다면 기쁘지.
세상엔 그런 일이 꽤 있는 듯해.

산토리
인생에는 생각보다 무수히 많은 반전이 있습니다.

매체 | 인쇄 광고
소재 | 위스키

한때 사람을 첫인상으로 판단하는 경우가 있었습니다. 혹은 한두 번 대화한 것만으로 사람을 판단하곤 했습니다. 저 사람은 이렇게 말했으니 이런 사람일 거야, 라든가 별로 친해지고 싶지 않은 사람이다, 라든가 가까이 하지 말아야지 등등 얕은 생각으로, 혹은 먼 거리에서 바라본 걸로 그 사람을 판단했고 앞으로 그 사람을 어떻게 대할지도 결론을 내렸죠. 그리고 이 결론은 영원히 바뀌지 않을 거라 믿었습니다.

처음부터 왠지 미웠던 사람은 끝까지 미워할 거라고 생각했습니다. 스무 살 전까지만 해도 이런 판단은 틀리지 않은 듯했습니다. 그렇게 믿고 싶었는지도 모르죠.

그런데, 달라지더군요. 사람을 대할 땐, 그 사람에 대한 평가를 적을 땐, 많은 것을 비워두는 편이 좋다는 것을 배우기 시작했거든요. 이 사람은 대체적으로 이런 성향을 가졌다, 라는 사실에 근거한 판단은 대부분 맞았지만 이 사람을 내가 좋아하게 될지 아닐지는 한두 번만으론 알 수가 없었습니다. 처음엔 싫었다가 좋아진 경우가 점점 많아지기 시작했죠.

산토리의 카피 그대로입니다. 내게 못된 짓을 한 사람이라 해도 혹시나 저 사람, 좋은 사람일지도 몰라, 라는 생각이 머릿속을 맴돌게 됐습니다.

그래서일까요. 저는 아무리 싫은 사람이라 해도 싫은 티를 내고 싶지 않아졌습니다. 혹시나, 저 사람에게도 좋은 점이 있는데 내가 나중에 충분히 좋아하게 될지도 모르는데 지금 싫은 티 냈다가 좋은 인연 하나 놓칠지도 모른다는 생각이 들었습니다. 이 사람에게 엄청난 반전이 숨겨져 있을 것 같습니다. 저는 첫인상에 사람을 판단하기보다는, 그 사람에게 기대하는 법을 배우고 싶어졌습니다.

인생에는 생각보다 무수히 많은 반전이 있습니다.
산토리의 카피가 말하듯, 이런 일은 꽤 있는 것 같습니다. 누군가가 별로라고 혹평했던 영화가 왠지 나한테는 생각보다 재밌다든가, 누군가가 맛없다고 고개를 절레절레 저었던 음식이 나한테는 꽤 맛있다든가, 누군가가 저 사람 좀 아니야, 라고 말했는데 나랑은 잘 맞는다든가, 혹은 나 스스로 저건 아니지 했는데 어느새 그것의 좋은 점을 깨닫게 된다거나, 만날 잘난 척한다고 뒤에서 욕하던 사람이었는데 내가 좋아하는 걸 같이 좋아하고 있다거나, 남들이 영 아니라던 여행지가 나한테는 와 닿았다든가 하는 그런 의외의 무언가.

남들은 보고 지나쳤을 나만의 발견. 그래서 이러한 반전은 상당히 매력적으로 다가옵니다. 일본에서는 이성의 '갭'에 끌린다는 말을 자주 합니다. '이 사람, 이런 모습 처음이야'라는 경우에 혹한다는 것이죠. 인생의 반전도 영화 못지않게 즐겁네요. 그렇다면 저는 다른 사람에게 어떤 반전의 즐거움을 주고 있는 걸까요. 문득 궁금해졌습니다.

어떤 일본 연예인이 자신에겐 '히키다시ひきだし'가 많다고 했습니다. 아직 꺼낼 것이, 보여줄 것이 많다는 뜻이지요. 이 히키다시라는 말에는 '빼내다, 꺼내다'라는 뜻과 '서랍'이라는 뜻이 있습니다.

'나에겐 서랍이 무수히 많아요.'
왠지 서랍이 많다고 표현하는 것이 정겹고도 낯설어서 저는 지금껏 그 연예인의 말을 이렇게 번역해서 즐겨 쓰고 있습니다. 저도 그렇게 말하고 싶기 때문이지요.

"내 안에도 무수히 많은 서랍이 있었으면 좋겠다"라고요.

그래서 나를 만나는 누군가가 저 서랍 안에는 무엇이 있을까 궁금해하면 얼마나 좋을까요. 나의 서랍을 열어가면서 처음 만났을 때와는 또 다른 나를 만나는 즐거움을 매번 느낄 수 있다면 얼마나 기쁠까요. 그 안에 반전도 있다면 더할 나위 없겠습니다.

지금, 격려가 필요한 사람이 있다면
'힘내' '기운내'라는 말보다
나라면 이런 곳에 데려오고 싶다고 생각합니다.

봄이, 이리도 꼭 찾아오는 나라라서, 다행이야.

그래, 교토에 가자.

JR토카이
쉬었다 가자, 괜찮아, 힘내.
언제부턴가 이 말들의 동의어가 되어버린 곳.

매체 | 인쇄 광고
소재 | 기차여행

옛날 닛산의 광고 카피 중에 이런 것이 있었습니다. 봄은 희망의 별명 같은 것이라고. 그래서일까요? 봄은 어느 나라든 사람을 밝게 만드는 기운이 있는 것 같습니다. 그것은 꼭 벚꽃을 필요로 하진 않습니다. 햇살의 축복만으로도 넘치고도 남을 만큼 충분합니다. 점심을 먹고 그저 햇살이 이끄는 대로 산책을 할 때면 나 역시도 이런 얘기를 하고 싶어지더군요. 봄이 있어서 다행이야, 라고. 그리고 가끔씩 교토에서 이런 햇살에 이끌려 산책을 하던 때가 생각납니다.

그래, 교토에 가자.

일본 사람이라면 누구나 알고 있는 명캠페인. 교토에 가자는 JR의 광고입니다. 즉, 기차여행 광고지요. 이 광고 카피에 혹하여 교토에 늘 가고 싶어졌고, 광고 카피가 이끄는 대로 교토에 다녀왔습니다. 한 번은 겨울, 한 번은 늦봄.

저만 그런지도 모르겠지만, 교토에 도착하면 정말 교토만의 희미한 향이 풍깁니다. 오래된 나무향. 목조건물이 많아서 그런 걸까요. 비가 부슬부슬 내리던 회색빛 교토. 나는 론리 플래닛에 실린 히노모토라는 료칸을 찾아 버스를 탔습니다. 비 오는 날의 교토는 그 나무향을 닮았습니다. 낡은 나무 건물들. 반듯한 거리. 뭐라 말할 수 없는 축축함. 료칸을 찾아가는 골목

골목. 즐비한 작은 가게들. 노인과 젊은 요리사가 함께 있던 초밥집. 허기진 배가 이끄는 대로 초밥 가게에 들러 도시락을 샀습니다. 우리가 일반적으로 생각하는 초밥이 아닌 오시즈시라고 하는 네모난 초밥 도시락을요.

료칸 히노모토도 오래된 나무향이 물씬 풍겼습니다. 그리고 상당히 인상적인 계단. 올라갈 만하지만 내려올 때 짐을 갖고 내려간다는 것이 불가능할 정도로 좁은 폭과 극도로 심한 경사를 자랑하는 계단. 겨우 겨우 올라가 방문을 열었더니 드라마 속에서나 보던 낡은 다다미방. 온돌이 아닌 데다 겨울이어서 너무도 추운 다다미방. 비 냄새와 나무 냄새가 마구 섞인 다다미방.

80년대 이후론 보지 못한 정말 작은 아날로그 TV. 스위치를 누르면 석유 냄새가 진동하는 난로. 나중에는 그 석유 냄새마저 그리워지더군요.
하도 어두컴컴하여 창문을 열었습니다. 세상에나. 눈앞에는 묘지밭이 펼쳐졌습니다. 태어나서 처음 해보는 놀라운 경험. 그 묘지를 바라보며, 빗소리를 들으며, 나무향을 맡으며, 초밥집에서 산 도시락을 꺼냈습니다. 거짓말을 조금도 보태지 않고 정말 정말 맛있었던 초밥 도시락. 언젠가 자랑스럽게 말할 날이 올지도 모르겠어요. 눈물 젖은 빵은 먹어본 적 없지만 묘지 앞에서 도시락을 먹어본 적은 있다고.

교토는 지금 생각해보면 비 오는 날 그 운치가 몇 배가 되는 도시였습니다. 밤에 거닐던 어두컴컴하면서도 적막한 거리가 그랬고, 버드나무가 즐비한, 그 아래 작은 운하가 흐르는 일식 레스토랑 거리도 비랑 상당히 어울렸습니다. 그 비를 바라보는 것만으로도 배가 부를 것 같았죠. 비가 안

주가 되는 도시라니 참 멋지지 않나요?

교토는 딱히 관광지로서 엄청난 매력을 지녔다기보다는 잠시 쉬었다 가기 좋은 곳 같은 느낌을 줍니다. 오사카와도 다르고, 도쿄와도, 서울과도 매우 다른 느낌입니다. 번잡한 거리를 벗어나 철학의 길을 걷다보면, 그 주택가의 한적함과 고요함에 푹 빠지게 됩니다. 조금 일찍 찾았다면 이곳이 얼마나 아름답게 벚꽃의 지배를 받는지 목격할 수 있었을 텐데…… 아, 나이가 들어 여기서 살면 더할 나위 없이 좋겠어, 라고 생각하며 그냥 걷고 걷다가 또 생각 속을 걷게 되는 그 길, 그곳.
철학의 길이란 멋스러운 이름에 뭔가를 기대하며 간 사람들이 실망하는 이유는 알 것 같지만, 나에겐 적절한 처방전이었습니다. 격려가 필요한 나 자신에게, 한숨 돌리고 가도 좋다고 교토의 낙엽은 말해주고 있었습니다.

쉬었다 가자. 괜찮아. 힘내.

언제부턴가 이 말들의 동의어가 되어버린 곳.

그래, 교토에 가자.

시간의
상인

그 상인은 시간을 팔고 있었다.
"어서 오세요. 시간은 어떠세요? 1분부터 주문받습니다."
어떤 남자는 상인으로부터 한 시간을 샀다.
한 시간을 산 남자는,
그것을 독서의 시간으로 썼다.
어떤 여자는 일주일을 샀다.
일주일을 산 여자는,
그것을 해외여행에 썼다.
"10년을 갖고 싶은데."
어떤 노인이 상인에게 물었다.
"손님, 10년이라면 굉장히 비싼데요."
"상관없네. 10년분을 내놓게."
10년을 산 노인은,
그것을 병에 걸린 아내에게 양보했다.

시간에, 드라마를.
보석시계 나가노

나가노 시계

함께하기 위해서라면,
그 시간을 그에게 양보해도 좋습니다.

매체 | 인쇄 광고
소재 | 기업PR(시계)

시간의 상인이 세상에 정말로 존재한다면 얼마만큼 시간을 구매할 건가요? 그리고 그 시간을 무엇을 위해 쓰면 좋을까요?

저는요,
시간이 없어, 라는 말을 입에 달고 삽니다.
그럴 시간 없어, 라는 것은 거절을 위한 말.
시간이 너무 없어요, 이건 시간을 더 달라는 말.
시간이 될까, 점심을 간소하게 먹어야겠다는 말.

그러다가도 막상 시간이 생기면 뭘 해야 할지 망설이다가 그냥 일본드라마나 미국드라마를 보면서 하루를 보냅니다. 어쩌면 이런 게 시간 아깝다는 뜻일지도 모르죠.
"오늘은 시간이 됐네?" 이것은 오랜만에 만나는 사람들과 하는 인사말.
"헉, 벌써 시간이 이렇게 됐어?!" 이것은 별로 한 것도 없는데 시간이 확 가버렸다는 말.
"오늘 시간 돼?" 이건 당신을 만나고 싶다는 말.

이 중 가장 긍정적인 의미로 쓰인 말은 '오늘 시간 돼?' 정도겠네요. 나의 시간을 어찌 쓰는가도 중요하지만 결국 전, 누군가와 시간을 함께 보내고 싶은가 봅니다. 그렇다면 누구와 시간을 보내야 할까. 곰곰이 생각했더니,

바로 떠오르는 인물이 있었습니다.

시간의 상인이 있다면요. 저는 딱 1년 치 시간을 구입해서 나의 소중한 사람들에게 나눠주고 싶습니다. 바쁘다는 이유로 함께 나누지 못했던 시간을, 부족하기만 했던 시간을 보충하고 싶습니다. 나머지 추억을 만들고 싶습니다. 봄, 여름, 가을, 겨울 사계절의 기운을 제대로 느낄 수 있는 시간을 함께 갖고 싶습니다. 나이 먹어가는 순간을, 서로 목격할 수 있었으면 좋겠습니다. 일하는 것도 중요하고, 돈 버는 것도 중요하고 모든 것이 다 중요하지만 그런 것들이 세상에 단 하나뿐인 소중한 존재와의 시간과 맞바꿀 수 있는 것이냐고 묻는다면 답은 물음표, 혹은 No.

그렇다면, 시간활용 방법의 답은 제게 하나입니다. 시간에 드라마도 아니고, 힘도 아니고, 두근거림도 아닌 '누군가'가 있었으면 좋겠습니다. 상인에게 시간을 산다면, 그것은 무조건 누군가와 함께 보내는 시간이 될 것입니다. 함께하기 위해서라면, 그 시간을 그에게 양보해도 좋습니다.

"오늘 시간 돼?"

당신이 보고 싶다는 뜻이란 걸, 잊지 말아주세요.

LOVE TODAY

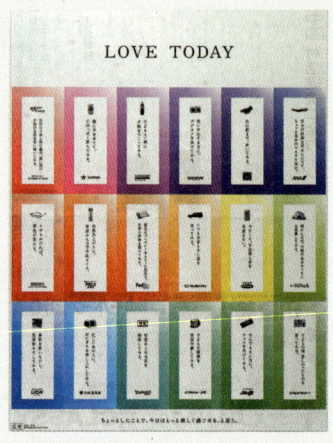

휴가 계획을 빨리 세워서, 좀 더 오래 들뜬 기분을…
ANA항공
다음 역까지 걸어본다.
ABC마트
웃음소리가 들리는 쪽으로, 디지털카메라를 향해본다.
올림푸스
아이와 함께 저녁식사를 만들어본다.
kikkoman

허리에 손을 대고 광고처럼 마셔본다.
삿포로 맥주

자신의 아이와 같은 나이의 먼 나라 아이들의 생활을 마음속에 그려본다.
JAPAN UNHCR

맑은 날은, 안뜰이 있는 집에 놀러 가본다.
헤베르하우스

오늘이야말로, 불법 침입자를 놓치지 않는다.
후마키라

평소에는 달리지 않는 길로 달려본다.
스바루

생일선물을 받은 기분으로, 업무 때문에 온 택배를 열어본다.
페덱스

목욕할 때, 가족 모두 우유 타임.
메이지

안경을 쓰면, 경치가 바뀐다.
세이코

어릴 때 갖고 싶어했던 것을 사본다.
시미모토 비자카드

아무것도 아닌 날에, 초콜릿을 줘본다.
메이지

아이의 잠든 얼굴을 실황중계해본다.
JVC

첫사랑의 이름을 검색해본다.
야후

바쁜 그 사람에게, 주먹밥을 싸줘본다.
야마모토
콧노래를 부르면서, 세탁물을 말려본다.
라이언

작은 일로도,
오늘을 좀 더 즐겁게 보낼 수 있다고 생각한다.

LOVE TODAY
언제나 같은 하루긴 해도 전혀 다른 하루야.

매체 | 인쇄 광고
소재 | 기업연합 프로젝트

어제는 점심에 햄버거를 먹었는데, 오늘은 카레를 먹어봅니다.
어제는 논현역까지 걸어가서 지하철을 탔는데, 오늘은 강남구청역까지 걸어가봅니다.
내일은 학동역까지 걸어가볼까?

어제 저녁에는 김치찌개를 먹었는데, 오늘은 계란 프라이를 먹어봅니다.
어제는 힐을 신어서 조심조심 걸었는데, 오늘은 운동화를 신고 조금 뛰어봅니다.
어제는 여성스럽게 원피스를 입었는데, 오늘은 캐주얼하게 입어봅니다.
어제는 일본드라마를 봤는데, 오늘은 미국드라마를 봅니다.
어제는 회의가 두 번 있었는데, 오늘은 다행히 한 번 했습니다.
어제는 아버지가 있었는데, 오늘은 아버지가 떠났습니다.
어제는 강아지가 집에 있었는데, 오늘은 강아지를 병원에 보냈습니다.
어제는 커피를 세 잔 마셨는데, 오늘은 두 잔 마셨습니다.
어제는 전화통화를 자주 했는데, 오늘은 문자를 주로 했습니다.
어제는 머리가 길었는데, 오늘은 미용실에서 머리를 잘라봅니다.
어제는 연하의 남자가 좋았는데, 오늘은 어른스러운 남자가 좋습니다.
어제는 밝은 음악이 좋았는데, 오늘은 우울한 음악이 듣고 싶습니다.
어제는 공포영화를 봤는데, 오늘은 코미디영화를 봅니다.
어제는 혼자 놀았는데, 오늘은 친구를 만납니다.

어제는 늦게까지 놀았는데, 오늘은 집에 일찍 들어가봅니다.
어제는 더워서 창문을 닫았는데, 오늘은 조금 열어봅니다.
계절이 조금씩 바뀌고 있습니다.

어제는 카디건을 걸쳤는데, 오늘은 벗어도 좋습니다.
어제는 뜨거운 커피를 마셨는데, 오늘은 얼음을 띄워봅니다.
어제는 아이돌이 실시간 검색어 1위였는데, 오늘은 다른 사건이 1위입니다.
어제는 광고주에게 시안을 넘겼는데, 오늘은 피드백이 왔습니다.
어제는 시안이었던 아이디어가, 오늘은 온에어되고 있습니다.
어제는 햇살이 뜨거웠는데, 오늘은 시원한 바람이 불고 있습니다.
내가 좋아하는 계절, 가을이 오고 있습니다.
스카프를 걸칩니다.
스타킹을 신습니다.
겨울옷을 꺼냅니다.
아, 가로수길이 노랗게 물들었습니다.
곧 겨울입니다. 그리고 눈 깜짝할 사이에 봄은 옵니다.

모든 것이 대수롭지 않은 것입니다. 어쩌면 대부분 일 년 내내 반복되는 것이죠. 하지만 이 대수롭지 않은 것들이 대수롭기도 하답니다.
일본드라마 〈수박〉이 생각납니다. 은행원인 여자가 3억 엔을 횡령해 일상 탈출을 시도하죠. 경찰에 쫓기면서 그 돈으로 하지 못했던 것들을 합니다.
그 여자는 훗날 친구에게 말해요.
너네 집 식탁 위에 그릇마다 놓인 매실장아찌씨가, 너무도 사랑스러웠다고. 청소기 소리도 너무 오랜만이었다고. 그런 것들이 생활이라고.

나는 3억 엔으로, 그 소중한 것들을 모두 잃어버렸다고.

매일 같은 일의 반복인 듯하지만, 한 발짝 일상에서 떨어져서 보면 사실은 조금씩 다릅니다. 사소한 것은 사소하지 않습니다. 사소하다고 생각한 것이야말로 가슴이 저밀 정도로 소중합니다.

오늘 내가 벌이는 일이 나름 소소한 사건이 되어줄 것이며, 훗날 아, 그 날은 이걸 했었지, 라고 오늘에 생기를 불어넣어주게 되겠지요.
일기는 그래서 쓰고 싶어지는 건지도 모르겠습니다.

드라마 〈수박〉의 마지막 대사에, 마음이 따스해집니다.
"바바짱, 언제나 같은 하루긴 해도 전혀 다른 하루야."

I love today.

우주에 나가지 않으면 모르는 일이
별의 수만큼이나 있다.

IHI 그룹

IHI그룹
우리에겐 해보지 않으면 모르는 일이
지구상 생명의 숫자만큼 있는지도 모릅니다.

매체 | 인쇄 광고
소재 | 기업PR(중공업)

추측해보건대, 우주 관련 사업을 시작하는 기업의 PR이 아닐까요? 저는 이 카피를 읽으면서 다른 생각을 했습니다. 인간이 우주에 나가야 하는 이유, 우주에 대한 호기심을 이야기하지만, 한편으로는 우리의 인생에 비춰볼 때 저것은 나이키의 'Just Do it'과 같은 뜻이 아닐까, 라고 말입니다.

그 끝이 안 좋을지도 모른다는 생각에, 해내지 못할지도 모른다는 생각에, 실패에 대한 두려움 때문에, 시작을 하지 않으려 하지만, 나이키의 오래된 카피는 말했거든요.
아무것도 잃을 것은 없고 오직 얻을 것만 있다고 말이죠. 그러니까 'Just do it' 하라고.

우주에 나가는 것에는 분명 많은 어려움이 있을 테고 실패도 많을 것이고, 또 어떤 이들은 우리가 왜 굳이 그래야 하느냐고 생각할 수도 있습니다. 하지만 우리가 우주에 나가지 않으면 모르는 사실이 셀 수 없을 만큼 많이 있다는 것, 두려움을 무릅쓰고 한 발짝을 내딛다보면 그 별의 숫자만큼 돌아오는 것이 반드시 있을 거라고 이 카피는 말합니다. 이것은 남들에게 말할 때의 명분임과 동시에, 자기 최면이기도 합니다. 실패는 실패 그대로 나에게 이익을 줄 테니, 일단 시작해도 좋다고, 시작해보자고.

저는 겁이 많아서, 일을 시작할 때 항상 최악의 경우를 생각하게 됩니다.

내가 프레젠테이션을 하는 중에 말이 엉키면 어떡하지? 컴퓨터가 꺼지면 어떡하지? 여행을 떠나서 길을 잃으면 어떡하지? 일본에 갔을 때 지진이 일어나면 어떡하지? 내가 이런 말을 해서 상대방에게 상처를 주면 어떡하지? 회사를 옮겼는데, 적응을 못하면 어떡하지?

일을 시작하기 전이라든가, 내게 어떤 일이 닥쳐올 조짐이 보일 때 혼자 머릿속으로 수만 가지의 시나리오를 쓰곤 합니다. 그리고 이상하게도 그것은 긍정적인 방향으로 써지질 않습니다. 이런 상태론 아무것도 시작할 수 없는 상황. 그때, 너무도 흔한 주문이 그 능력을 발휘합니다. 이런 주문 말입니다.
실패하면 어때, 분명 거기서도 너는 다시는 실패하지 않는 법을 배울 거니까. 넘어지면 넘어지지 않는 법을 배우는 거고, 껄끄러운 사람을 만나서 상처를 받으면 새살 돋는 법을 배우는 거고, 앞으로 만날 이상한 사람의 행동과 말에 방어하는 법도 배우게 될 거고, 중요한 것을 빠트리는 일을 저지른다면 책임감을 배우게 될 거고. 지금 좋아하는 사람에게 접근하지 않는다면 좋은 인연을 놓치는 거니, 그러니까 시작하라고.

누군가의 에세이에 나올 법한 말을 중얼거리며 최악의 시나리오를 수정해 나갑니다. 실패든 뭐든 결국 일은 좋은 쪽으로 끝나게 되어 있다고. 하지 않는 편이 내가 얻을 수 있는 수많은 경우의 수를 놓치는 것이라고 몇 번을 되새김질하면서요.

무엇이든 안 하는 것보다는 하는 게 낫다.
안 하느니만 못한 것은 분명 있겠지만, 적어도 저는 제 인생에는 없다고 생각하려 합니다. 최근에 생긴 스스로의 신조입니다. 아무것도 안 하고 멍하게 사는 인생보다 최소한 재미라도 더 있지 않겠어요?

우리에겐 해보지 않으면 모르는 일이 지구상 생명의 숫자만큼 있는지도 모릅니다.

있지 있지 봐봐.
자신의 등을 봐봐.
이런저런 것을 짊어지고 있고
꽤, 멋있다고.
자, 조지아로 한 박자 쉬고….

조지아

조지아
등은, 우리가 혼자는 살아갈 수 없는
존재라는 것을 말해줍니다.

매체 | TV 광고
소재 | 캔커피

컴퓨터 앞에 앉아 있다보면 등이 아파옵니다. 아마도 내 자세가 안 좋기 때문이겠죠. 누가 봐도 구부정한 자세가 이런 아픔을 부르는 거겠죠.
한편으론 이런 생각도 들었습니다. 등이 많은 것을 짊어지기 때문인지도 모른다, 라구요.
사전을 들여다봤더니, '짊어지다'라는 표현에 어울리는 신체 부위는 어깨와 등이었습니다. 그리고 어울리는 단어는 '짐' '책임' '부담감' '빚' 같은, 물리적인 무게만이 아니라, 인생의 무게가 느껴지는 단어구요. 내가 어깨나 등에 짊어지는 것은 일하면서 느끼는 부담감이라든가, 지금의 나에게 주어지는 책임감, 누군가에게 언젠가는 갚아야 할 빚 같은 것들.

머리와 손과 발은 잊고 있지만 등은 그것을 확실히 기억하고 짊어지고 있는지도 모릅니다. 집의 기둥이 지붕을 받치고 있어야 나머지가 기능을 하듯, 등은 우뚝 서서 손과 머리와 다리의 움직임을 지탱하고 있는 건가 봅니다. 등은 나의 기둥입니다. 기둥이 무너지면 집은 무너집니다. 내 등의 아픔은 무너지지 않으려는 노력에서 오는 건지도 모르겠습니다.

쇼핑을 할 때나 중요한 자리에 나간다는 이유로 전체적인 옷맵시를 살펴야 할 때 외엔 딱히 등을 볼 일이 없습니다. 내 등이 어떻게 생겼는지를 알려면 두 개의 전신거울이 필요합니다. 이 얼마나 귀찮은 일인가요. 그렇지 않으면 다른 사람이 봐줘야 하는데 매번 부탁할 수도 없는 노릇이죠. 이처럼 '등'을 본다는 것은 쉬운 일이 아닌 듯합니다.

그러다 문득 한 가지 사실을 깨달았습니다. 등은 내가 못 보지만 남은 자주 볼 수 있는 유일한 곳이 아닐까. 내가 못 보기에 별로 신경을 안 쓰는 곳이 아닐까. 내 손이 안 닿는 곳이라서, 내 있는 그대로가 드러나는 곳이 아닐까.

나도 모르는 내 이면을 정작 내가 보기 힘든 신체부위는 알고 있네요. 누군가의 앞에 서는 위치에 오를수록, 자신의 뒷사람들이나 후배들에게 많이 보이게 되는 것도 이곳. 내가 살아온 길이란 등에서 완성되는 건지도 모르겠어요. 내가 무엇을 짊어지고 살아왔는지를 보여주는 것이 얼굴이 아니라 등이라면, 우리가 무엇보다 사랑해야 하는 것은 나 자신의 뒷모습일 것 같다는 생각이 들었습니다.

제가 좋아하는 표현 중에 '등 긁어주며 산다'라는 말이 있습니다. 부부가 나이 들어서도 다정하게 함께 산다는 이야기를 할 때 가끔 관용구로 쓰는 이 말. 저는 이 말이 무척이나 정겹습니다. 등은 손이 닿지 않아서 가려우면 자신의 손만으론 긁을 수가 없습니다. 파스를 붙여야 할 때도 마찬가지입니다. 손 닿지 않는 곳에 생긴 상처는, 누군가의 손을 빌려야 해결할 수 있습니다. 등은, 우리가 혼자는 살아갈 수 없는 존재라는 것을 말해줍니다.

엄마나 아빠가 파스를 붙여달라고 할 때나,
친구나 동생이 등 좀 긁어달라고 할 때,
마사지 좀 해달라고 할 때,

귀찮게 받아들이지 말아야겠습니다.

나는 그때, 그들에게 나 자신이 꼭 필요한 존재임을 실감할 수 있을 것입니다. 그들이 등에 짊어지고 있는 많은 것을 내가 잠시나마 덜어내줄 수 있을 것입니다. 그때야말로 나와 당신은 서로 기대며 살아가고 있다는 것을, 혼자가 아니라는 것을 느낄 수 있을 것 같습니다.

아아, 나의 등.
정말, 꽤 멋있네요.

네가 있어, 사랑을 했다.

패밀리마트

패밀리마트
생각해보면, 이 모든 것들은
'네'가 있었기 때문에 가능했다.

매체 | 인쇄 광고
소재 | 기업PR(편의점)

『봉신연의』라는 만화가 생각났습니다. 많은 이야기 중에 유독 마음에 남던 것은 문중이라는 장군과 그의 친구인 황비호의 에피소드. 황비호 역시 한 나라의 장군입니다. 둘은 더할 나위 없는 친구 사이지만 어떤 계기로 둘 사이에 넘을 수 없는 벽이 생깁니다. 정치적 신념, 동족에 대한 생각 등 서로 가야 할 길이 달랐으므로 적이 되어 전쟁을 치릅니다. 그 전쟁 중에 황비호는 목숨을 잃고 맙니다. 그를 잃고 홀로 남은 문중의 내레이션을 저는 지금도 잊지 못합니다.

'나에게 고독은 고통이 아니었다. 비호를 만나기 전까지는.
비호는 나에게서 고독을 가져가고 다른 뭔가를 줬다.'

고독은 아마도 고통이 아닌가 봅니다. 태어났을 때부터 혼자였다면, 그것은 고독이 아니라 당연한 감정이었을 겁니다. 그러니까 비호를 잃고 혼자 남은 문중에게, 고독은 더 이상 당연한 감정이 아닌 것. 누군가를 잃는다는 것은, 아마도 그래서 슬픈 건지 모르겠습니다.
사람은 언젠가 반드시 다른 사람을 잃게 마련입니다. 결국은 모두 죽고야 마니까요. 그럼에도 만나고 또 헤어지고, 또 만납니다. 누군가와 함께하려 합니다.
왜일까요?
'너'라는 사람이 너무도 많은 것을 내게 알려주기 때문일까요?

패밀리마트 광고의 카피는 말합니다.
생각해보면, 이 모든 것들은 '네'가 있었기 때문에 가능했다고.
네가 있어, 영화를 혼자 보지 않아도 되었다.
네가 있어, 전화 걸 곳이 있었다.
네가 있어, 약속이 있었다.
네가 있어, 마음이 아팠다.
네가 있어, 웃었고 울었다.
네가 있어, 생일이 즐거웠다.
네가 있어, 주말이 기다려졌다.
네가 있어, 저녁 시간을 비워뒀다.
네가 있어, 시도 때도 없이 문자를 했다.
네가 있어, 휴가가 즐거웠다.
네가 있어, 나는 외롭지 않았다.
네가 있어, 나는 사실은 내가 고독하다는 것을 깨달았다.
너와 함께 있으면 두려운 것이 사라진다.
그래서 사실은 내가 지극히 약한 존재라는 것을 느끼게 된다.
너는, 사실은 내가 이런 얼굴로 웃고 떠들 수 있다는 것을 찾아줬다.
너는 의도하지 않았지만, 그 작은 몸으로 나의 세계를 전부 채워주고 있다.
그래서 잃을 때는 기가 막힌 상실감에 넋을 잃게 된다.
눈물을 펑펑 쏟게 만든다. 부은 눈으로 어쩔 수 없이 지하철을 타고 세상 밖에 나오게 만든다.
그렇기 때문에, 다음에 누군가 만나는 것을 두렵게 하기보다는
사실은 내가 해야 할 일을 알게 해준다.
내가 어찌 노력해야 하는지를, 잃지 않으려면 무엇을 해야 하는가를.

신기하다.
누군가를 만나는 것이 두렵지 않을 때, 그 아픔이란 것은 감각을 잃는다.
마비가 된다. 잃어버린 아픔은 좋은 추억이라는 새살로 돋아난다.
다 '네'가 나에게 준 것이다. 아픔은 그에 비하면 정말 일부에 불과하다.
우리는 만나는 것을 게을리할 수 없다.
만남을 통해 성장하고야 마니까.
혼자서는 알 수 없는 것들이 정말로 많으니까.
그리고 그것들은 무엇과도 바꿀 수 없는, 정말 피가 되고 살이 되고 눈물이 되고 웃음이 되는 것이니까.

문중도 비호를 원망하지 않을 것입니다.
그가 알게 된 고독의 고통 따위 비호가 주고 간 다른 것에 비하면
아마 아무것도 아닐 테니까요.

저는 이 카피에 한마디만 추가해봅니다.
아마도, 이런 뜻이 함축된 것 아니었을까요?

고마워,
네가 있어서, 사랑을 했어.

정해진 룰 따윈 없는 편이 더 좋다.

청춘18티켓

JR 청춘18티켓
어쩌면 청춘이란, 목적지에 도착하지 않은 모든 인생을
뜻하는 말인지도 모르겠습니다.

매체 | 인쇄 광고
소재 | 기차여행

글로벌 시대를 맞이해서 직원들 모두 영어 능력을 향상하자는 취지로, 한때 원어민 영어강사를 초빙해 일주일에 한두 번 영어수업을 했던 적이 있습니다. 바쁘단 이유로 주로 연기되기만 했던, 그래서 영어 능력은 전혀 진전이 없었던 글로벌 프로젝트였죠.

그녀들(주로 여자 선생이었습니다)과 나눴던 얘기는 거의 기억나지 않는데, 청춘18티켓의 카피를 읽고 나니 문득 떠오르는 얘기가 있습니다. 인생의 타임테이블, 시간표에 대한 이야기입니다. 그녀는 말했어요.

"한국인들에게는 시간표가 있는 것 같아요. 몇 살부터 몇 살까지는 학교에 다녀야 하고, 그 이후 몇 살까지는 회사에 들어가야 하며, 이 정도에는 결혼을 해주고, 또 이쯤 되면 아이를 낳아야 한다는, 그런 인생의 시간표요. 이상해요. 60세가 돼서 학교에 가고 싶으면 그때 가도 되고, 일찍 아이를 낳고 싶으면 스무 살에도 낳을 수 있는데 왜 그런 것이 필요하죠? 행복하면 그만 아닌가요?"

저는 여행을 굳이 정해진 일정대로 하지 않아도 충분히 즐겁다는 것을 압니다. 오늘은 어디를 갈 예정이라는 계획이 언제든 바뀌어도 여행 자체에 큰 지장은 없습니다. 중요한 건 어딜 가느냐가 아니라, 무엇을 해야만 하는가가 아니라, 이번 여행이 즐겁고 알차기를 바라는 것이니까요. 그렇다면 인생은 어떤가요. 흔히 인생은 여행이라고 말합니다. 우리는 여행처럼 인생을 살고 있을까요. 여행처럼 즐겁게 인생을 보내고 있을까요. 우리의 인생은 어떤 여행인 걸까요. 우리는 손에 나침반을 들고 어딜 가느냐에 연연해하고 있는 걸까요. 아니면 나침반보다는 내 주변의 풍경을 보며 걸어가고 있는 걸까요.
솔직히 지금의 전 먼 미래를 바라보며 어딜 가야겠다고 목적지를 정해놓고 기차를 타고 있는 것은 아닙니다. 제 나침반은 빙빙 돌 뿐, 한번도 어느 한 곳을 가리키지 않았어요. 그리고 저 역시 지도를 보며 걷고 있지도 않고요. 저는 어쩌면 세상의 모든 역마다 무조건 내려보고 있는지도 모르겠습니다.

50세의 제 모습이 어떨지도 그리지 못하겠습니다. 인생을 굳이 시간표대로 맞춰서 종료벨이 울리는 것을 목표로 삼는 게 아니라면, 여행에도 굳이 정해진 룰 따위 없는 편이 좋다면, 그냥 이대로 흐름에 몸을 맡기는 것도 좋지 않을까요?

청춘18티켓의 또 다른 카피는 이렇게 얘기합니다.

아아, 여기다 싶은 역이 분명 있다.

그럴 것 같습니다. 이렇게 마음가는 대로 역에 내리다보면
언젠가 정말 여행을 끝나게 하는 역을 만날 것만 같습니다.
이것은 방황이 아닙니다.
여행입니다.
여행은 목적지가 없어도 그것 자체만으로
충실한 여행이 됩니다.

우리 인생도 그랬으면 좋겠습니다.
어쩌면 청춘이란,
목적지에 도착하지 않은 모든 인생을 뜻하는 말인지도 모르겠습니다.
그런 의미에서 아직 마음에 드는 역을 만나지 못한
당신과 저는, 18세입니다.

딸 : 지금부터 뛰는 거야?
아빠 : 응.
아들 : 4년 전엔 아마 수영한다고 했는데….
아내 : 근데 금세 그만뒀잖아.
딸 : 벌써 한밤중인데.
아빠 : 응. 그래도 좀 뛰다 올게.
딸 : 가버렸네.
아내 : 올림픽 할 때마다 아이고!

올림픽이 없었다면
평범한 여름이었습니다.

민간방송연합
스포츠가 없었다면, 타인인 우리가 서로를
얼싸안을 일이 얼마나 있었을까요?

매체 I TV 광고
소재 I 올림픽 캠페인

2002년 월드컵이 없었다면,
기말고사 공부에 여념이 없었을 것입니다.

2002년 월드컵이 없었다면,
붉은색 티셔츠를 살 일이 없었을 것입니다.

2002년 월드컵이 없었다면,
축구에 열광하는 엄마의 모습을 보지 못했을 것입니다.

2002년 월드컵이 없었다면,
시험장에 붉은 악마 티를 입고 설레는 모습으로 등장한
교수님의 모습에 친근함을 느낄 일이 없었을 것입니다.

2002년 월드컵이 없었다면,
그때 다니던 학원 사람들과
그렇게 친해질 일이 없었을 것입니다.

2002년 월드컵이 없었다면,
그해 여름은 취업에 대한 고민으로 우울했을 것입니다.

2002년 월드컵이 없었다면,
나에게 부족한 것이 축제였음을 깨닫지 못했을 것입니다.

2008년 베이징 올림픽이 없었다면,
한국 선수의 경기를 보겠다고, 여행 일정을 늦추지 않았을 것입니다.
당시 일본 여행 중이었으니까요.

2008년 베이징 올림픽이 없었다면,
일본의 어느 호텔에서 TV를 내내 틀어놓을 일은 없었을 것입니다.

2008년 베이징 올림픽이 없었다면,
일본 사람들의 탄식 속에 기쁨을 느낄 일이 없었을 것입니다.

2008년 베이징 올림픽이 없었다면,
야구가 그렇게 재밌고 열정적인 스포츠인지 몰랐을 것입니다.

2010년 밴쿠버 올림픽이 없었다면,
나의 겨울은 춥기만 했겠죠?

스포츠는 사람을 뜨겁게 합니다. 평소엔 야구도 축구도 좋아하진 않지만, 운동하는 것은 더더욱 좋아하지 않지만, 월드컵과 올림픽을 좋아하는 것만으로도 내가 사실은 뜨거운 사람이었다는 것을 깨닫게 되곤 합니다. 차가운 사람도, 권위적인 사람도, 얌전한 사람도, 그 안에는 용광로 같은 DNA가 숨어 있나 봅니다. 스포츠는 사람을 단순하게 만듭니다.

살면서 이처럼 단순해진 적은 일곱 살 이후 처음인 것 같습니다. 이기면 기쁩니다. 지면 조금은 슬픕니다. 아무 생각 없이 응원합니다. 내 목소리의 데시벨이 이렇게 높다는 것을 처음 알게 됩니다. 나는 나처럼 열광하고 있을 수억의 지구인을 조심스레 사랑하게 됩니다. 우리는 언어도, 인종도, 문화도 다 다르지만, 고함만으로 모든 것이 통하니까요.

그래서, 세계인의 축제가 있는 그해의 여름이 나에게 단 한 번도 특별하지 않은 적은 없습니다. 스포츠가 없었다면, 타인인 우리가 서로를 얼싸안을 일이 얼마나 있었을까요?

사랑은 식탁에 있다.

혼자서 식사를 할 때,
그 사람이 옆에 있었으면 하고 생각하지 않으세요?

혼자서 식사를 할 때,
누군가를 위해 요리를 하고 싶다고 생각하지 않으세요?

혼자서 식사를 할 때,
그것은, 단지 식사를 하는 행위일 뿐이라고 생각하지 않으세요?

가족.
먹고 자란다는 것.
평화.

큐피

큐피
우리가 식탁에서 섭취하는 것은
단순한 음식물이 아니라 특별한 감정인가 봅니다.

매체 | TV 광고
소재 | 기업PR(식품)

팀 동료들과 점심을 먹거나 저녁을 먹을 때, 그 음식이 꽤 맛있으면,
아, 다음번에 남자친구랑 와야지, 혹은 친구에게 소개해줘야지 생각합니다.
조금 가격대가 있는 곳에서 회식을 하면,
아, 엄마랑 와야지, 또는 동생이랑 와야지 생각합니다.
어른들이 좋아할 메뉴가 나오면, 아빠랑 가족이랑 함께 와야지 생각합니다.

분명 함께 식사하는 것이 아닌데, 마음 한구석엔 그들과의 식사를 생각하고 있습니다. 왜 맛있는 걸 먹으면, 소중한 사람들이 생각나는 걸까요.
아버지가 오랜만에 한국에 오시는 날이면, 엄마의 장바구니는 가득해집니다. 외국에서 먹지 못했을 영양가 가득한 음식과 아버지가 좋아하는 반찬으로 식탁은 빈틈없이 메워지죠.

일요일 아침, 유일하게 모든 가족이 모여 식사를 하는 날에도 엄마의 장바구니는 가득가득합니다. 이렇게 모두 모여서 식사하기도 힘든데, 이럴 때만이라도 맛있는 것, 좋은 것을 먹이고 싶다면서 엄마는 요리 실력을 마음껏 발휘합니다.

요리하는 것을 좋아하지 않는 제게 요리하는 것을 좋아하는 남자친구는 묻습니다.
"뭐 해줄까?"

엄마는 늘 제 퇴근시간을 물어봅니다.
"맛있는 거 해줄게."

저는 엄마의 생신이나 엄마 아빠의 결혼기념일이면 두 분을 모시고 밖으로 나갑니다.
"내가 맛있는 거 사줄게."

제 생일이면, 팀 동료나 남자친구는 말합니다.
"오늘은 특별한 날이니까, 맛있는 거 먹어야지."

언뜻 알고 있었지만, 정말이라는 것을 실감하는 순간이 있습니다.
정말로 사랑은 식탁에 있다고 말이죠.

괜히 소중한 사람과 함께하는 식사가 더 맛있는 게 아니라는 것.
괜히 엄마가 차려준 밥상이 더 맛있는 게 아니라는 것.
근사한 레스토랑에 가더라도, 얼굴도 마주보기 싫은 사람과 함께면 괜히 목구멍으로 아무것도 넘어가지 않는 게 아니라는 것.
우리가 식탁에서 섭취하는 것은 단순한 음식물이 아니라 특별한 감정인가 봅니다.

일본 사람들은 혼자서 식사를 하는 경우가 많습니다. 사람에 치이며 사는 스트레스로부터 벗어나서 혼자만의 시간을 즐기고 싶기 때문이죠.
물론 저도 가끔은 혼자가 되고 싶을 때가 있습니다.

사랑이 없는 식탁에서는 아무것도 먹고 싶지 않으니까요.
하지만 이런 생각도 듭니다.
내가 어디든 식탁에 앉았을 때,
누군가와 함께하는 식사가 문득 그리워진다면,
맛없는 식탁에 앉아선 '아, 여기는 누구랑은 절대 오지 말아야지'라고 생각한다면,
혼자 맛있는 걸 먹을 때 왠지 누군가에겐 미안해진다면,
이 음식을 곱게 포장해서 먹여주고 싶다든가,
함께 올 생각을 하거나, 아니면 추천해주거나
머릿속에 누군가를 떠올리며 무수히 많은 계획을 세운다면
그곳이 어디든, 나의 식탁에는 늘 사랑이 있는 것입니다.
나의 주식은 누군가와 함께인 사랑인 것입니다.
아무리 먹어도 배부를 리 없는 음식이 거기엔 있습니다.

숟가락을 들기 전, 함께 식사를 나누고픈 모든 사람들에게 조용히 얘기해야겠습니다.
오늘도 맛있는 식사, '잘 먹겠습니다'라고.

No reason

코카콜라

코카콜라
시작에는 이유가 있었으나,
지금은 아무런 이유가 없습니다.

매체 | TV 광고
소재 | 음료

나는 왜 그 사람이 좋은 걸까.
왜 이 음식이 좋은 걸까. 왜 이 카페가 좋은 걸까.
왜 이 음악을 좋아하는 걸까.
왜 이런 스타일의 옷을 즐겨 입을까.
왜 이 광고가 좋은 걸까.
왜 이 영화가 마음에 들었을까.
왜 마음이 이렇게 먹먹한 걸까.
왜 갑자기 그곳에 가고 싶은 걸까.
왜일까.

마땅한 답을 찾을 수 없는 질문이 있습니다. 분명 이곳에 다시 와야지, 생각했을 때나 저 옷을 사야지, 다짐했을 때, 이 영화는 봐야겠다, 결심했을 때, 이 가수는 또 어떤 음악을 했지, 라며 찾아들을 때는 분명 이유가 있었던 것 같습니다.

왜 이 사람이 좋았고, 왜 이 사람과 사귀기로 했는지 중요한 결정을 내릴 때도 이유가 있었습니다. 지금 다시 그 이유를 묻는다면, 저는 말끝을 흐리게 됩니다.
"아, 세련됐잖아. 똑똑하고, 어른스럽고."
이게 다일까?

"음악이 신나잖아. 보컬도 잘생겼고."
정말 그게 다?
"멋있어서. 그냥 멋있어서. 어떤 배우가 입고 나왔는데 그냥 예쁘더라고."
"설마 그 이유로 꾸준히 그 스타일을 고집하는 건 아니겠지?"라고 묻는다면 나는 결국 모르겠어, 라고 속으로 답합니다. "지금은 왜인지 모르겠어."

시작에는 이유가 있었으나, 지금은 아무런 이유가 없습니다. 그냥 이유 없어. 그냥 좋아. 그냥 좋은 걸 어떡해. 이렇게 얘기하면 분명 상대는 화를 내겠죠? 왜 이유가 없냐면서. 저는 여기서 제가 고민하던 문제의 답을 찾았습니다. 제가 정말 좋아하는 히라이 켄의 '키미노스키나토코 君の好きなとこ (너의 맘에 드는 점, 혹은 네가 좋은 점)'라는 노래가 답해줬지요. "네가 좋은 점은 별의 수만큼 많은데, 하나도 말로 할 수가 없어서. 맘에 들지 않는 점도 조금 있지만, 만나면 언제나 용서하게 돼. 너의 좋은 점을 세상 누구보다도 내가 잘 알고 있다는 사실이 기뻐서."
그런 거였나 봅니다. 이유가 없는 게 아니라, 이유가 너무 많은 거였나 봅니다. 처음에는 한두 가지였는데, 그래서 이유를 댈 수 있었는데, 지금은 마음 어딘가에 그것이 차곡차곡 쌓여 있어서, 그 많은 이유가 쌓이고 쌓여서 이제는 알 수 없게 되어버렸나 봅니다. 눈이 너무 많이 내리면 앞이 안 보이는 것처럼 말이죠. 'No reason'은 사실 'So many reason'의 다른 말일지도 모르겠어요. 만약 이런 의미로 카피를 쓴 거라면 코카콜라의 카피라이터에게 박수를 보내드리고 싶네요.

왜 좋냐고 물었을 때, 그냥 다 좋아, 라고 하는 것은 성의 없는 답변이 아니라 좋은 점을 모두 셀 수가 없어서 그렇게 답한다는 것. 그냥 맛있다고 말하는 것은 미식 전문가가 아니기에 맛있는 점을 일일이 셀 수 없어서 그런다는 것. 저의 언어는 이렇게 번역해주세요.

인간의 마음을 다 표현할 수 있는 언어가 있다면, 그것을 배워야 할까요, 말아야 할까요? 느닷없이 궁금해졌습니다.

자, 가자, 나.

산토리 우롱차

산토리 우롱차
심지어 목소리도 똑같은 너와 나,
앞으로도 잘 부탁해.

매체 | 인쇄 광고
소재 | 음료

이번엔 카피가 아니라 비주얼에 마음을 뺏겼습니다. 똑같은 옷차림을 한 두 여자아이에게 마음을 뺏겼습니다. 분명 자매겠죠? 닮은 듯한 두 사람의 모습에 괜스레 우롱차가 좋아집니다.
저에게 여동생이 있기 때문인가 봐요. 그것도 참 예쁜 동생이. 제가 무척이나 예뻐하는 동생이.

우리 자매는 친척들 사이에서 정말 친하기로 유명했습니다. 위에 오빠가 있던 한 사촌 언니는 우리 둘 사이를 부러워했고, 이모는 우리 둘 사이를 '천륜'이라고 불렀습니다. 어쩜 그렇게 둘이 잘 지내냐 하면서요. 둘이서만 잘 노니까 엄마가 질투하기도 했답니다.

"니 동생이 널 얼마나 따르는데."
"엄마 말은 안 들어. 니가 하자고 하면 하지."

그래서 동생을 설득하는 역할은 항상 내 몫이었죠. 엄마는 지금도 가끔 하는 얘기가 있습니다.

동생이 유치원에 다니던 시절 무더운 여름, 유치원에서 아이들에게 아이스크림을 나눠줬다고 합니다. 다들 각자 자기 것만 받아왔는데, 동생은 햇볕 쨍쨍한 여름, 다 녹아가는 아이스크림을 양손에 들고 집에 왔다고 합니다. 제 것을 챙겨왔던 거죠. 그 어린아이가 말입니다. 엄마는 지금도 그 모습이 눈에 선하다고 하세요.

엄마와 아빠는 아직도 동생이 철부지라고 합니다. 스물여덟 살이나 됐는데, 하는 짓은 아기 같다고 말이죠. 하지만 제 눈엔 철든 어른으로 보입니다.
집에서는 막내니까 막내답게 구는 것일 뿐, 하는 행동을 보면 그렇지 않습니다. 바빠서 엄마 생일을 제가 잊으면 놓치지 않고 꼭 챙기는 사람이 동생입니다. 제가 주말에 일하느라 정신없이 지낼 때면, 엄마와 백화점도 같이 가고, 영화도 함께 보는 효녀입니다.

아버지가 한국에 나오시면, 아버지가 제일 좋아하는 테크노마트에 기꺼이 따라가는 장한 딸입니다. 강아지가 아프면, 늘 약을 먹이고 병원에 데려가고 각종 수발을 다 드는 사람이 동생입니다.
애니가 세상을 떠나기 직전에, 그 자리를 지켰던 이도 동생입니다. 집안 행사가 있을 때면, 모두 가기 싫어하는 자리에 대신 가주는 착한 아이가 제 동생입니다. 제 남자친구와 함께 만난 자리에서 남자친구의 긴장을 풀어주려고 노력하는 아이가 사랑스러운 제 동생입니다. 가족과 자주 가는 도서 대여점에 박카스를 사들고 가서, 주인아저씨에게 드리며 사랑받는 고객이 되는 현명한 아이가 제 동생입니다.

제가 아프면 나가서 약 사오는 제 동생, 심부름 시키면 싫다는 소리 한 번 안 하는 제 동생, 편식이 심하고, 게으르고, 소심하지만 그보다 더 큰 장점을 듬뿍 가진 제 동생.
어떻게 안 아낄 수가 있겠어요? 이보다 착한 아이, 없을 것 같아요. 저한테는 무려 28년을 함께 산 가족이면서, 세상에 둘도 없는 친구입니다. 엄마 아빠한테도 못할 얘기, 동생한테는 할 수 있습니다.

키도 크고 늘씬하고 얼굴도 작고 예쁘고 스타일 좋은 동생은 어디에 내놔도 부족할 것이 전혀 없는 제 자랑거리입니다. 언니 시집 가서 집에 없으면 심심해서 어떡해, 라고 말하면서 늦게 결혼하길 바라는 동생. 하늘에서 제게 정말 큰 선물을 줬어요. 이렇게 좋은 동생과 평생을 함께할 수 있다니, 이런 복이 또 어디 있을까요?

저희는 생김새가 너무 달라서 어딜 가든 자매로 안 봅니다. 대부분은 친구로 보지요. 둘이서 사진을 찍었는데, 깜짝 놀랐습니다.

"우와, 우리 웃는 얼굴이 똑같다."

웃는 얼굴이 정말 닮은 거 있죠?
우리, 피를 나눈 자매가 맞더라구요.

심지어 목소리도 똑같은 너와 나.
앞으로도 잘 부탁해.

네가 최고야.

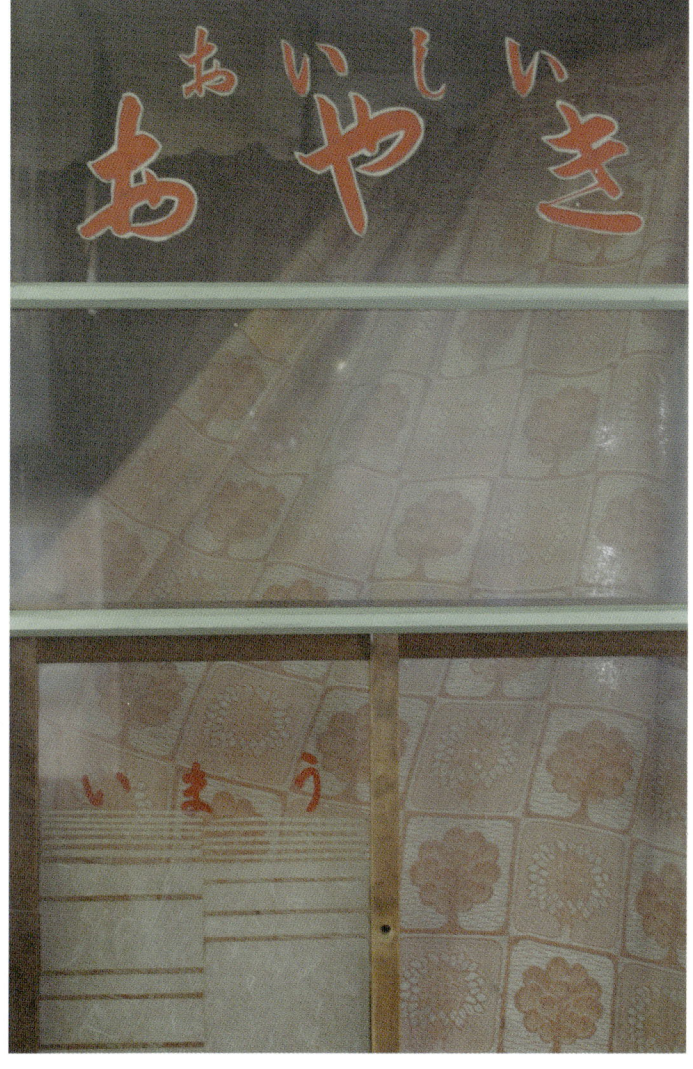

엄마 힘의 원천은
당신입니다.

엄마의 약점도 당신입니다.

ママの強さの素は、
キミです。

ママの弱点もキミです。

글리코유업
내가 죽을 때까지, 평생 함께 살 수는 없는 걸까요?
물론 그럴 수 없겠지만.

매체 | 인쇄 광고
소재 | 기업PR(유아용 유제품)

저희 가족은 제 약점입니다. 힘의 원천이기도 합니다. 가족 얘기를 하다 보면 눈물이 납니다. 슬픈 얘기가 아니라 해도. 저에겐 또 약점이 있습니다. 우리 강아지들입니다. 세상을 떠난 애니와 지금 같이 살고 있는 바비. 제 메신저 대화명은 언제나 '애니와 바비의 언니'입니다.

세상을 떠난 애니는 눈물 없이 얘기할 수 없는 제 약점입니다. 애니가 떠나고 어느 정도 마음이 정리된 날, 블로그에 글을 썼는데요. 다시는 읽지 못하는 글입니다. 아직, 전 애니를 마음에서 보내지 못했나봐요. 애니에 대한 글은, 블로그에 있는 글을 그대로 옮길게요. 이 이야기는 다시 쓸 용기가 없습니다.

2007년 9월 19일 23시 54분,
13년간 너무도 사랑했던 우리 강아지가 하늘나라로 떠나버렸습니다. 그 날, 비가 너무도 많이 왔습니다. 하필이면 비도 많이 오고, 하필이면 퇴근길이라 차도 막혀 택시를 타고 가던 중간에 내려서 뛸 수밖에 없었어요. 하늘에 빌고 또 빌면서요. 저희 집 강아지는 다행히도 모든 가족의 얼굴을 보고 떠났습니다. 동생이 가는 자리를 지키기도 했습니다. 그토록 비가 오던 다음날. 화장하는 날은 너무도 쨍쨍하고 맑았지요. 흐린 날에 보내긴 정말 싫었는데, 그 또한 복이라 생각했습니다. 정말로 믿어지지 않았습니다. 혼자서 할 줄 아는 것도 없었는데, 밥도 챙겨줘야 먹고 혼자서 목욕도 못하고 빗질도 못하고 그래서 언제까지나 아기처럼 느껴졌는데, 그런데 먼저 엄마가 되고 먼저 할머니가 되고 먼저 하늘나라로 가다니. 집에 들어와서도 믿어지지 않았습니다.

저희 어머니도 그랬죠. 다시는 개를 안 키운다고. 산 지 얼마 안 된 사료를 볼 때마다 생각나요. 문을 열 때마다 꼬리치고 짖으며 뛰어나오진 않을까, 냉장고 문 열 때마다 자던 와중에도 깨어나 먹을 것을 달라고 조르진 않을까, 초인종이 울리면 쏜살같이 뛰어나가 짖지는 않을까, 샤워하고 나오면 문 앞에서 기다리고 있지는 않을까, 식사시간이면 누구보다 먼저 나가 자리를 지키고 있지는 않을까, 아침에 일어나면 인사하러 찾아오지는 않을까, 밤늦은 시간에도 가끔씩 나를 들여다보러 오지는 않을까, 컴퓨터를 할 때면 안아달라고 낑낑대지는 않을까, 자다가 불편해서 눈떠보면 한 베개에 같이 누워 있지는 않을까, 다리 사이에서 코 골며 자고 있지는 않을까, 맨바닥에 누워 있는 것을 싫어하니까 지금 또 방석이나 가방에 누워 있지는 않을까, 내가 울고 있으면 위로하는 듯 옆에 있어주진 않을까, 그렇게 아직도 함께 살고 있지는 않을까.

저희 집은 요새 다시 개를 기르자는 얘기를 하고 있어요. 정말 그런 생각이 들 줄 몰랐는데, 이제는 그런 얘기를 주고받고 있습니다. 하나는 그 아이가 있어서 너무도 행복했기 때문이고 또 하나는 그 아이에게 못 해준 것을 꼭 해주고 싶기 때문입니다. 일이 바빠서 같이 놀아주지 못했거든요. 회사 옮긴다고 잠깐 쉬던 그때, 그때라도 오래 함께 있어준 것이 얼마나 다행인지 모릅니다.

소중한 것은 이렇게 불현듯 떠나버리는가 봅니다. 이런 날이 올 줄 알면서도, 전혀 알지 못했던 것처럼, 그렇게 말이죠. 영원한 사랑은 없다고, 사랑에는 끝이 있다고 생각했는데, 그 생각 접기로 했습니다. 지난 13년간 사랑해온 것보다 앞으로도 계속, 그보다 더 사랑할 것입니다. 사랑은, 계속된다고 믿습니다. 하고 싶은 얘긴 정말 산더미 같았는데 이러다간 통곡할 거 같아서 못 쓰겠네요. 이 아이가 있어 정말 행복했습니다. 애니도 우리가 함께여서 행복했다고, 그렇게 생각했으면 좋겠습니다.

글을 정리하면서 다시 통곡했습니다. 애니는 정말 제 약점이 맞습니다.
3년이 지났어도, 왜 눈물은 마르는 법이 없을까요?
세월이 약이라는데, 그 약이 별 효과를 못 보는 것 같습니다. 계속 눈물이 나네요.

2007년 9월, 애니를 보내고 2008년 1월, 바비라는 아이를 데려왔습니다. 애니가 없는 허전함을 저희 가족은 견디지 못했습니다. 집을 나설 때면, 엄마가 애니가 없어 외로워하지는 않을까 걱정되기도 했지요. 동생 말로는 밤마다 우셨다고 해요. 제 또 다른 약점이 된 바비는, 그렇게 집에 왔습니다. 처음에는 잘 걷지도 못했고, 부서질 것처럼 작고 가늘었는데, 지금은 두 손으로 들기에도 무거울 만큼 애니의 두 배로 컸습니다.

바비는 저희가 애니에게 주지 못했던 모든 사랑을 다 받고 자라고 있습니다. 해줄 수 있는 건 다 해주자고 암묵의 약속을 나눈 듯, 바비한테 쓰는 돈은 다들 아까워하질 않아요.

엄마의 수다 상대도 되어주고, 제 마음의 안식처가 되어주는 바비. 애니처럼 가족을 끔찍하게 좋아하는 바비. 애니처럼 다리 사이에서 코 골며 자는 바비. 애니처럼 그냥 바닥은 싫어해서, 꼭 침대나 방석에 올라와 있는 바비. 애니랑 하는 짓이 많이 닮기도 해서, 엄마는 종종 애니가 환생했다고 말씀하시죠. 아파서 병원에 입원하면 이 아이가 없는 적적함에, 우리 가족은 이 아이의 퇴원일을 손꼽아 기다립니다.

아버지에게도 애교를 부리는 우리 강아지. 동생과 저는 종종 말합니다. 바비가 효견이라구요.
애니처럼 바비는 제 힘의 원천입니다. 그리고 약점입니다. 이 작은 친구들 덕에, 저희 집은 힘든 일도 잘 이겨냈습니다. 애니의 빈자리를 채우기 위해 바비를 데려왔지만 마음이란 신기하게도 애니의 자리는 그대로 두고, 그 옆에 바비의 방을 따로 만들어주네요.
곁에 없다고, 그렇다고 해서 그 사랑이 사라지는 건 아닌가 봅니다.

언젠가는 애니를 마음에서 보낼 날이 오겠죠?
영영 안 올 것만 같지만.

언젠가는 바비도 애니처럼 보내야 할 날이 오겠죠?
다시는 겪고 싶지 않은 일이지만.

내가 죽을 때까지, 평생 함께 살 수는 없는 걸까요?
물론 그럴 수 없겠지만.

어떻게든 되겠지.
어떻게든 되겠지.
내가 좌절할 것 같을 마지막 순간에는 두 사람이 도와준다.
어떻게든 되겠지.
어떻게든 되겠지, 라고.

초콜릿으로 웃자.
메이지 아몬드 초콜릿

메이지 초콜릿
어떻게든 되겠지라는 말은,
아무것도 안 하겠다는 무책임한 말이 아닙니다.

매체 | TV 광고
소재 | 초콜릿

어떻게든 되겠지.
좋아하는 광고는 아니지만, 참 좋아하는 저 한마디.
누가 보면 참 무책임한 말.

어떤 사건이 터졌을 때, 그것이 비록 나쁜 방향으로 흘러간다 하더라도, 그걸 그냥 흐르는 대로 두는 거니까. 뭐, 결국 어떻게든 되지 않겠어, 라고. 나에게 '어떻게든 되겠지'는 나의 좌우명인 '좋은 생각만 하자'의 다른 표현. 안 좋은 일이 생겼을 때, 그것에 대한 걱정에 휩싸여 앞으로 나아가지 못하는 것을 방지하기 위한 좋은 조언.

한때 정말 집안이 어려웠을 때, 가족 모두가 좌절했을 때, 집에 들어가기 싫었을 때, 일에만 매달렸을 때, 내 안에 먹구름만 잔뜩 들어차 있을 때, 좋은 미래 따윈 상상도 할 수 없었을 때, 말 그대로 암흑뿐이었을 때, 도망가고 싶었을 때, 주변의 친척들이 모두 등을 돌렸을 때, 이 아픔을 누구에게도 호소할 수 없었을 때, 그때 나에게 가장 힘이 된 말은 '어떻게든 되겠지'.
이렇게 머리 싸맨다고 떠난 사람이 돌아와주는 건 아니었고, 과거를 재조립할 수 있는 건 아니었고, 당장 내가 해결할 수 있는 건 아무것도 없었으니까. 이렇게 매일 밤 운다고, 그 슬픈 사건을 눈물처럼 닦아낼 수 있는 것도 아니었으니까. 언제부턴가 이 말이 머릿속을 맴돌기 시작했습니다.

어떻게든 되겠지. 뭐든 다 풀리겠지. 잘되겠지.
지금 걷는 방향으로 열심히 계속 걸어가다보면
짊어지고 있던 무거운 짐들이 가벼워지는 날이 올 거라고.

나는 그렇게 믿었습니다. 짐을 던질 수 있는 날이 올 거라고 생각했습니다. 그리고 그날은 기적처럼 왔습니다. 물론 한꺼번에 불꽃 터지듯, 모든 것이 해결된 것은 아니었습니다. 그날은 분명 기적이었지만, 거북이보다 느린 기적이었습니다. 천천히, 아주 천천히, 다가왔습니다. 정말 어떻게든 된 것이었죠. 이런 날이 올 거라곤 꿈꾸지 못했는데 오긴 왔습니다.
나는 꽤 효과가 있는 말이라고 생각했습니다. 어떻게든 되겠지라는 말은, 아무것도 안 하겠다는 무책임한 말이 아닙니다. 지금껏 걷던 길을 열심히 가라는 말이었습니다. 과거에 사로잡히지 말고 걱정에 지배당하지 말고 열심히 살고 그 결과는 하늘에게 맡기라고. 내게 그 말은 그런 뜻이었습니다.

세상은 내 뜻대로 움직이지 않습니다. 하지만 세상의 모든 것은 나를 위해 있습니다.
모든 일에는 이유가 있습니다. 그렇다면 지금 닥친 상황에도 이유가 있을 거라고, 나를 위해 있는 거라고 생각하기로 합니다.
세상은 나를 위해 움직이고 있다고 생각해도 좋습니다.
그러니까 어떤 일이든 포기하지 않는다면, 그렇게
손을 놓지 않는다면 잘될 겁니다.

어떻게든 됩니다. 분명히.
잘될 겁니다. 걱정하지 마세요. 괜찮습니다.

겟케이칸 츠키

우리는 엇갈려도 괜찮아,
그보다 깊은 관계로 이미 단단히 묶여 있으니까.

매체 ı TV 광고
소재 ı 일본술

부부는 엇갈려도 괜찮아.

겟케이칸 츠키

짜릿하고 따뜻하게

우리가 엇갈리지 않고 산 적이 있었을까?
겟케이칸 츠키의 광고는 사이좋은 젊은 부부의 이야기를 들려줍니다.
부부는 때론, 텔레파시도 통하고, 나의 취미는 당신입니다, 라고 말합니다. 서로가 서로의 취미가 됩니다. 하지만 그들이라고 엇갈림을 피할 수는 없습니다. 중요한 것은 엇갈림에 서로를 상처주는 게 아니라, '뭐, 그럴 수도 있지'라는 자세로 서로를 마주하는 것입니다. 부부는 엇갈려도 괜찮아, 라면서.

엇갈려도 괜찮은 인간관계가 부부뿐일까요?
아무리 오래 함께 살았어도, 서로에 대해 너무나 잘 안다고 해도
엄마와 나 사이에는 엇갈림이 있습니다.
아빠와 나 사이, 동생과 나 사이, 친구와 나 사이에도 그렇지요.
서로의 마음이 늘 똑같을 순 없기 때문인지도 모릅니다.
모두 내 마음 같지 않기 때문인지도 모릅니다.
마음은 똑같음을 강요할 수 없고 강요해서도 안 되니까.
내 마음은 이런데, 왜 그 사람의 마음은 이렇지 않을까.
나는 이걸 의도한 건데, 왜 당신은 그렇게 받아들이지 않을까요.
이거 별일 아닌데, 왜 그렇게 크게 생각하는 거지?

나는 고민하지 않기로 했습니다.

모두 깊은 관계를 맺고 있지만 그럼에도 우리는 모두 타인이니까. 서로를 완전히 이해할 수 없는 것이 당연하니까.
하지만 나는 이것은 기억해두려고 합니다.
이미 수억의 확률로 겨우 만난 우리가 엇갈린다는 이유 때문에 헤어질 리 없다는 사실을.
서로에게 실타래를 풀 시간만 준다면 우리 사이엔 그 어떤 문제도 없을 거란 사실을.
대화라는 것만 제대로 해낸다면 우리는 늘 함께할 수 있다는 것을.

우리는 엇갈려도 괜찮아.
그보다 깊은 관계로 이미 단단히 묶여 있으니까.
잠시 서로의 마음이 어긋났다는 이유로 헤어질 정도면
이렇게 만났을 리 없어.
수많은 사람 중에 하필 서로를 택했을 리가 없어.
이런 기적이 쉽게 일어났을 리는 없어.
이해해주면 돼.
감정의 낭비는 싫어.
싸울 시간 있으면 차라리 이해할 시간을 만들자.
그렇게만 지낸다면, 우리는 충분해.

우리 사이는 엇갈려도, 늘 괜찮을 거야.

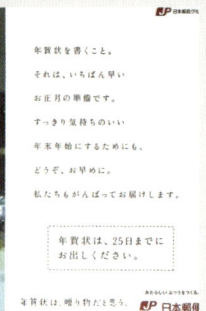

그 사람만큼은,
설날에 읽어주길 바란다.

일본 우편

일본 우편
언제나 나에게 첫 번째인
'그 사람'이 새해를 맞이했습니다.

매체 | 인쇄 광고
소재 | 연하장

그 사람에게,

새해 첫날에
누구보다 먼저 말을 걸고 싶다.

누구보다 먼저 "생일 축하해"란 말을 듣고 싶다.
누구보다 먼저 "생일 축하해"란 말을 하고 싶다.

그 사람에게
누구보다 먼저 "메리 크리스마스"란 말을 듣고 싶다.
누구보다 먼저 "메리 크리스마스"란 말을 하고 싶다.

그 사람에게
누구보다 먼저 나쁜 소식을 듣고 싶다.
누구보다 먼저 나쁜 소식을 전하고 싶다.

그 사람에게
누구보다 먼저 기쁜 소식을 듣고 싶다.
누구보다 먼저 기쁜 소식을 전하고 싶다.

짜릿하고 따뜻하게

그 사람에게는,
어떤 식으로든 가장 먼저 달려가고 싶다.

누구에게나 있을 그런 사람,
바로 그 사람.

좋은 것도 나쁜 것도 그냥 먼저 공유하고 싶은 사람.
선착순에서 맨 앞자리를 차지하는 사람.
그리고 나도 그런 존재이고 싶은 사람.

저 연하장 카피에 등장한 '그 사람'이란 이런 사람이겠죠.
저는 연하장이라는 걸 써본 적이 없습니다.
쓰는 사람을 본 적도 없습니다.
아쉽게도 받은 적조차 없군요.
새해가 밝아오면 최근에는 문자메시지로 인사를 전합니다.
어떤 사람은 단체 문자로 오는 인사는 안 받느니만 못하다고 하더군요.
점점 간편해지는 새해 인사 속에,
연하장이란 정말 손이 많이 가는 인사일지도 모르겠습니다.

1월 1일.
당신의, 마음 안에 있고 싶다.

수많은 연하장 캠페인의 카피 중 또 하나 마음에 드는 카피.
언제나 나에게 첫 번째인 '그 사람'이 새해를 맞이했습니다.

새해 계획을 세울 것입니다.
새사람이 된 듯한 기분을 느끼고 싶을 것입니다.
모든 것이 새로 시작하는 그런 특별한 날, '그 사람'의 마음을 지배할 수 있다면, 연하장 한번 보내봐도 좋을 것 같아요. 어쩌면 아주 슬쩍, 영화 〈러브레터〉의 주인공이 된 것 같은 착각이 들지도 모르지요.

새해 건강하게 잘 맞이하고 있는 중이지? 나도 잘 맞이하고 있어.
올해도 잘 부탁해, 하면서.

다음 설날에는
'그 사람'의 첫 번째가 되어보는 건, 어때요?

정치학, 경제학, 문학, 연애론…
오늘도 어른들의 수업이 시작된다.

산토리 야마자키

산토리 야마자키
잔은 계속 기울여집니다.
그들이 나이를 먹는 속도만큼이나 시간은 빠르게 흘러갑니다.

매체 | 인쇄 광고
소재 | 위스키

전 어른들의 이야기를 듣는 걸 좋아합니다. 물론 설교 말고 수다 말이죠. 어른들의 이야기는 화제가 풍부해서 좋습니다. 이야기에도 연륜이 묻어난다고나 할까. 그 경험치가 쌓여서 언어로 변환된다고나 할까. 친구들과 수다 떨 때는 등장할 수 없는 이야깃거리가 자연스럽게 무대 위에 오릅니다. 저와 친구들이 나이가 들었다는 것을 실감할 때가 바로, 우리가 전에는 하지 않았던 이야기를 즐겁게 하고 있을 때입니다.

전 술자리를 좋아합니다. 물론 술 말고 수다 말이죠. 술에 만취하여 정신을 잃어버리는 술자리 말고, 적당히 취해서, 적당히 솔직해져서, 적당히 주고받는, 그래서 다음날 우리가 어떤 이야기를 했는지 기억이 나는 자리. 쓸데없는 이야기를 한 것 같지만, 언젠가는 그것이 피가 되고 살이 될 것 같은, 영양가 있는 수다가 안주가 되는 자리 말이에요.

아직 술이 맛있는 줄 모르는 제게 무엇보다 맛있는 어른들의 수다. 산토리 야마자키는 이 기분을 정말 그럴듯하게 표현해주었습니다. 저는 카피를 읽으면 왠지 이런 기분에 취하게 됩니다.

약간 어두컴컴한 술집. 40~50세 사이의 중년 남성들이 옹기종기 모여 앉아 있습니다. 위스키를 한잔씩 마십니다. 그러나 과하진 않습니다. 누군가가 정치 얘기를 꺼냅니다. 흥분하지 않는 선에서 각자 자신의 의견을 얘기합니다. 약간의 다툼이 있을지도 모르겠네요.
위스키를 한잔 마십니다.
누군가가 경제 얘기를 꺼냅니다. 정부의 경제 정책을 비판하는 이도 있고, 재테크 노하우를 전수하는 이도 있습니다. 노후를 고민하는 이도 있어요.
위스키를 한잔 마십니다.
누군가 최근에 읽은 책이나 영화 얘기를 꺼냅니다. 과거 그들이 학생 시절 몰래 읽었던 만화책 이야기도 오고 갑니다. 추억에 젖어듭니다. 분위기가 무르익습니다.
위스키를 한잔 마십니다.
추억에 빠져들다보니, 옛사랑 얘기가 떠오릅니다. 너, 그때 그랬잖아, 라며 타임머신을 타고 그 시절로 떠납니다. 뭐 하고 살려나, 문득 궁금해집니다. 누군가는 다시 사랑을 하고 싶다고 말합니다. 물론 가족을 배신하고 싶은 건 아닙니다. 그냥 설렘을 느끼고 싶을 뿐입니다. 우리는, 설렘을 잊은 지 얼마나 됐을까?
위스키를 한잔 마십니다.
어른들의 수다를 수업 삼아 듣는 젊은이가 있습니다. 나도 언젠가는 저런 이야기를 하겠지? 술에 취한 건지, 자신들의 이야기에 취한 건지, 이제는 모를 지경입니다.
잔은 계속 기울여집니다.
그들이 나이를 먹은 속도만큼이나 시간은 빠르게 흘러갑니다.

하늘의 달이 야속하네요.

난, 어렸을 때부터, 세상의 어른들은
여름을 좋아하는 어른과, 여름을 싫어하는 어른
이렇게 두 종류가 있다고 생각했어.

여름을 좋아하는 어른은 덥다고 말하지 않는데,
싫어하는 어른은, '더워 더워'라고 두 번이나 말해.

여름이 좋은 어른은, 멋 부리는 게 목적이라 피부를 노출해
다른 사람 눈에도 시원하게 보이지만,
여름이 싫은 어른은, 체온을 내리기 위해서 피부를 노출하니
다른 사람들은 눈 둘 곳을 모르게 되지.

여름을 좋아하는 어른은 불꽃놀이를 하지만,
싫어하는 어른은 하지 않아.

여름이 좋은 어른은 겨울도 좋아하지만,
싫어하는 어른은 겨울도 별로 좋아하지 않아.

하지만 여름이 싫은 어른도
처음부터 싫어했던 건 아니야.

왜냐하면, 이 세상에 여름을 싫어하는 아이는 없으니까.

어른이 된다는 건, 이래저래 어려운 거구나라고 생각해.
나는 천천히 좋아하게 될 거야.

워크 요코스카-가나가와

워크 요코스카-가나가와
여름을 즐기는 법을 아는 일본인에게,
그 방법을 배우고 왔습니다.

매체 | 라디오 광고
소재 | 지역관광

짜릿하고 따뜻하게

저도 어렸을 때는 여름을 좋아했을까요?
지금은 여름을 싫어하거든요. 마음가짐까진 어른이라고 말할 수 없지만, 주민등록상으론 어른이라고 볼 수밖에 없는, 늘 더워 더워, 라고 두 번 이상 반복하는 어른이거든요. 여름을 싫어하는 아이가 없다면, 저도 분명 한때는 여름이 오길 기다렸겠죠. 기억의 창고를 더듬어봐도 그래요. 전 여름에 밖에서 노는 아이였던 거죠. 방학이 있어서 아마도 더 그랬겠지만 지금의 제 마음과는 상상할 수 없을 정도로 그때는 여름이 오길 기다렸답니다.

그렇다면 저는 언제부터 여름을 싫어하게 된 걸까요.
늘 밖에서 고무줄 놀이를 즐겼는데 어느새 집 안으로 들어와 있었거든요. 누군가의 땀 냄새를 신경 쓰게 되면서 자신의 몸가짐에도 신경을 쓰기 시작할 무렵부터일까요? 거울을 보게 되면서, 피부가 타지 않는 걸 원하게 된 무렵부터일까요? 중학교, 고등학교에 올라가면서 방학이 방학이 아니란 걸 알게 된 무렵부터일까요?

언제부턴가 아이들은 더워도 밖에서 잘만 뛰노는데, 저는 조금만 더워도 밖에 나갈 생각을 안 합니다. 늘 안에만 있다보니, 더위에 대한 면역력이 약해졌거나 혹은 인내심이 줄어든 거겠죠.

어른이 되면 인내심이 많아진다는데, 모든 것에 해당하는 말은 아닌가 봅니다. 더위에 대한 인내심, 혹은 남들의 시선에 대한 인내심은 급속도로 줄어들어갑니다. 피부가 탔다든가, 화장이 지워졌다든가, 얼굴이 번들번들하다든가, 거울에 비친 민소매 옷을 입은 내가 너무도 보기 싫다든가, 그런 것들만 신경 쓰고 있고, 그런 것들을 견디지 못하고 있고, 그럴수록 여름을 싫어하게 되는 저를 발견합니다.

저는 여름이 싫은 게 아니라 어쩌면 그 여름 속에 놓인 이것저것을 신경 쓰는 자신을 싫어하는 듯합니다. 그런 '나'를 만나는 것이 싫은 건지도 모릅니다.

요코스카-가나가와를 걷다보면 조금은 여름이 좋아질 수 있을까요.
다시 어린 마음으로 돌아갈 수 있는 걸까요.
어린 시절의 추억이 늘 즐거운 이유는,
그때의 나는 무엇이든
그 자체로, 제대로, 즐길 수 있었기 때문 아닐까요.

이런 제가 놀랍게도 여름에 일본으로 떠난 적이 있었습니다. 일본의 여름은, 우리나라 못지않게 더위 지옥 그 자체거든요. 하지만 일본의 여름은 풍성합니다. 지역마다 벌어지는 마츠리와 불꽃 축제. 유카타를 곱게 차려 입고 나들이 나가는 사람들을 보고, 크게 크게 타오르는 불꽃을 보고, 아와오도리를 땀 흘리며 추는 동네 건달들과 나이 지긋하신 어르신들을 보고, 취미 삼아 밴드를 하는 역시나 백발의 연주자들을 보면서 아, 일본은 더위를 이렇게 이겨내는구나 싶었습니다. 에어컨 바람만 쐬고, 컴퓨터 앞에만 앉아 있는 제가 어찌 여름의 더위를 이겨낼 수 있겠어요.

짜릿하고 따뜻하게

즐기는 자를 이길 수는 없습니다.
여름을 즐기는 법을 아는 일본인에게,
그 방법을 배우고 왔습니다.

저도, 천천히 여름을 좋아하게 될 것 같습니다.

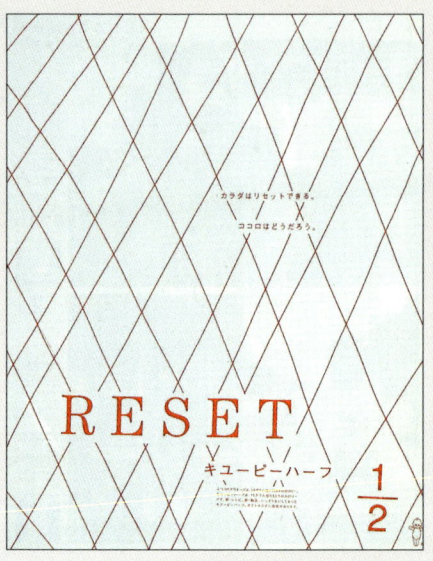

몸은 리셋할 수 있다. 마음은 어떤가.

RESET

큐피 하프

큐피 하프
왜, 나는 사람이 변하지 않는다고 믿었을까.

매체 ㅣ 인쇄 광고
소재 ㅣ 마요네즈

사람은, 리셋할 수 있는 걸까요?

우리는 종종 얘기합니다. 그 사람이 어딜 가겠니, 라든가 사람은 쉽게 변하지 않아, 라든가. 저도 은연중에 사람이 완벽하게 바뀔 리 없다고 생각하고 있었습니다. 다음부턴 안 그럴 거야, 라고 말은 하지만 다시 한 번 비슷한 상황에 처한다면 그 사람이 그러지 않는단 보장이 어디에도 없기 때문이죠. 변화를 다짐하고 처음에는 그럴듯하더니 자신이 원래 있던 위치로 다시 돌아가는 사람도 본 적 있습니다. 그래서 사람은 변하지 않는다고 믿었습니다.

하지만 큐피는 이렇게 말합니다. 큐피 하프를 믿으면 몸은 원하는 대로 리셋할 수 있어, 하지만 마음은 그리 쉽게 되진 않아, 라고. 처음엔 정말 이렇게 얘기하는 것 같았지만 이 캠페인을 전부 보고 나면 알게 됩니다. 결국 큐피가 이야기하는 것은 몸을 리셋하면 마음도 리셋할 수 있어, 라는 것을.

몸과 마음을 리셋할 수 있다는 건, 사람을 리셋할 수 있다는 얘기지요. 사람은 리셋할 수 있다고 큐피 하프는 말합니다. 마치 드라마 〈후루하타 닌자부로〉의 후루하타 닌자부로 아저씨가, 범인을 향해 사람은 다시 태어날 수 있다고 얘기하는 것처럼요.

왜, 나는 사람이 변하지 않는다고 믿었을까. 이 질문의 답을 천천히 과거로 거슬러 올라가 생각해봤습니다. 그리고 알게 됐지요. 저는 사실 '사람은 변하지 않는다'라는 말을 믿은 게 아니라, '그 사람은 변하지 않을 거야'라고, '사람'을 믿지 않았다는 것을. 사실은 그 사람이 변하지 않기를 바라고 있었다는 것을. 그 사람에 대한 선입견으로, 저 사람이 잘되는 것이 싫었단 것을. 나 자신이 얼마나 그릇된 시선으로 사람을 바라보고 있었는가를.

분명, 동전의 앞뒷면처럼 확연하게 자기 자신을 바꾸는 것은 무리일지도 모르지만 사람은 천천히 리셋할 수 있다는 것을 '나 자신'이 알고 있었습니다.

사람은 학습의 동물이고, 무언가를 배워가며, 진심으로 원한다면 자기 자신을 진화시킬 수 있다는 것을요. 왜냐하면, 제가 그랬으니까요. 누군가에게 자신의 의견을 똑바로 얘기하거나, 무대 울렁증이 있던 내가 많은 사람 앞에서 발표를 하거나, 어른을 무서워하던 내가 어른들과 아무렇지 않게 대화를 나누거나, 화려하게 옷을 입거나, 조금 대담해져본다거나…… 학생 시절의 저를 아는 친구들에겐 상상도 할 수 없는 일을 지금의 '나 자신'이 하고 있습니다.

다섯 살 때 동네 개한테 물린 뒤론, 강아지 공포증에 시달렸는데 지금은 개를 두 마리째 기르고 있고, 어렸을 때 못 먹었던 음식을 지금은 먹고 있고, 학교 다니던 시절 가장 못하던 과목 중 하나가 '한문'이었는데 일본어 전공을 선택했고, 이렇게 세월에 따라 뭔가를 극복하면서 살 수 있는 것이 사람이란 존재임을, 나는 알면서 부정했던 거죠.

그릇이 바뀌면 그 안의 음식도 달라 보이는 것처럼. 머리 스타일을 바꾸는 것으로 거울 속의 내가 바뀌면, 나도 모르게 그 머리에 어울리는 사람으로 바뀔지 모른다고 기대하는 것처럼.

나는 자신을 리셋할 수 있을 것 같습니다.
당신은 어떤가요.

엄마는 '하지 마, 하지 마' 라고 말하면서, 포즈를 취했다.

곧 어머니의 날.

마음과 몸,
인간의 전부.

올림푸스

가족여행을 떠난 건데 아버지만 찍히지 않았다.

미안해.
고마워.

곧 아버지의 날.

마음과 몸,
인간의 전부.

올림푸스

그 사람의 사진을 갖고 싶어서
친구들 모두의 사진을 찍고 있다.

마음과 몸,
인간의 전부.

올림푸스

올림푸스
나는 지금, 분명, 안심할 수 있습니다.
나는 아무것도 잊지 않은 채로 미래를 살 수 있습니다.

매체 | 인쇄 광고
소재 | 기업PR(광학제품)

디지털 카메라나 휴대전화 카메라가 있었다면
찍어두고 싶었던 어렸을 때의 기록입니다.

1. 한창 젊었을 때의 우리 엄마, 우리 아빠.
2. 잘나가던 비디오 가게였던 우리 집.
3. 지금에 비하면 말라깽이였다는 사실을 증명할 수 있는 어린 시절의 내 모습.
4. 뿐만 아니라 반에서 제일 큰 여자 아이였다는, 증거.
5. 아, 그때는 내가 이런 녀석을 좋아했었지, 라고 떠올릴 수 있는 내가 좋아했던 남자 아이.
   (분명 올림푸스의 광고처럼, 친구 모두의 사진을 찍어서 그 아이의 사진을 가졌겠죠?)
6. 극기 훈련에서 죽도록 고생했던 친구들과 나.
   (그때부터 운동을 못했던 나는 등산도 못해서 여러 아이들에게 민폐를 끼치며 산행 훈련을 했습니다. 왜, 촛불만 들면 부모님 생각에 눈물이 났을까요?)
7. 이제는 가물가물한 초등학교 담임선생님들.
   (지금 내 기억 속의 모습이 정말일까요? 아니면 조금은 왜곡된 것일까요?)
8. 중학생이 된 내 모습.

9. 첫 번째 수학여행 속 친구들과 나의 모습. 처음으로 가본 경주.
   (경주 사진은 첨성대 앞에서 찍은 단체사진밖에 없습니다. 지금은 경주가 어땠는지 전혀 기억도 나지 않습니다. 좀 아깝습니다.)
10. 처음으로 갔던 농구 경기.
    (『슬램덩크』와 〈마지막 승부〉 열풍으로, 여중고생들은 모두 농구 선수를 좋아했죠. 농구팬이었던 친구 따라서 농구장에 갔던 기억이 납니다. 카메라가 있었으면 얼마나 많은 사진을 찍었을까요.)
11. 애니의 사진.
    (지금 바비의 사진만큼, 많은 사진을 찍어줬을 텐데. 그 아이의 성장 기록을 갖고 있지 않은 것이 이렇게 아쉬울 줄은 몰랐어요.)
12. 고등학생인 나.
13. 자율학습을 빠져나와 매번 관람하러 갔던 동생의 무대들.
14. 아쉽게도 밤새 놀다가 버스 안에선 잠만 잤던 제주도 수학여행.
    (처음 갔던 제주도의 풍경을 늘 기억해두고 싶었습니다.)
15. 고등학교 2학년 단체 자율학습 땡땡이 계획.
    (고등학생 시절을 떠올릴 때면, 이 순간을 빼놓을 수 없습니다. 고등학교 2학년의 마지막 자율학습 시간에, 2학년 전체가 동시에 학교를 뛰쳐나갔던 사건. 지루하게 공부만 하는 학교에 전통과 추억을 남기고자 2학년 전체가 세운 계획. 단체 땡땡이 계획은 계단 바로 옆 교실에 위치했다는 이유로, 우리 반이 제일 먼저 뛰쳐나가야 했습니다. 힘껏 뛰어나와 뒤를 돌아 봤을 때, 정말 장관이었습니다. 그 많은 여고생들이 필사적으로 학교를 빠져나오고 있었거든요. 내 손에 휴대전화 카메라가 있었으면, 필히 찍어놨을 순간. 참, 즐거웠던 기억.)
16. 초등학교, 중학교, 고등학교 나의 모든 짝꿍들.

(그 친구들이 있어서 학교생활이 즐거웠어요.)
17. 나의 모든 선생님들.
    (지금은 어떻게 지내고 계실까요.)
18. 할머니와 함께 살던 시절.
    (사진으로 남겨두지 않은 것이 아쉽네요.)
19. 엄마와 아빠의 사진.
    (듬뿍. 그냥, 무조건, 듬뿍.)

사진은, 말합니다. 마치 어느 일본드라마의 등장인물처럼, 내가 기억하고 있을 테니 너는 안심하고 잊어도 좋다고. 지금은 가슴속 깊은 곳에 묻어둬도 좋다고. 훗날 나중에 웃을 수 있도록. 지금은 앞으로 나아갈 수 있도록. 언제까지나 추억에 사로잡혀 있으면, 언제까지나 '그때'를 그리워하면 우리는 앞으로 나아갈 수가 없으니까요. 디지털 카메라나 휴대전화 카메라가 이처럼 발전하지 않을 때, 그때 놓쳐버린 추억들은 참으로 아쉽지만 그래도 다행입니다. 지금은 모두, 사진이 기억해주고 있거든요. 그리고 앨범을 꺼내 볼 땐, 껄껄 웃을 수 있을 테니까요.

나는 지금, 분명, 안심할 수 있습니다.
나는 아무것도 잊지 않은 채로
미래를 살 수 있습니다.

아기는 어떻게 생기는 건가요?
왜 전쟁을 하는 거죠?
우주인은 있나요?
정치가는 평소에 뭘 하나요?
왜 프리타로 지내면 안 되나요?
다들 일만 하면서 즐겁나요?
최근 엔저상태인데 왜일까요?
어떻게 하면 주식으로 돈을 벌 수 있나요?
일본에서, 동성동본의 결혼은 언제부터 할 수 있게 되었나요?
아이는 어떻게 지키면 좋을까요?
증세는 정말로 하면 안 되는 걸까요?
확정신고는 뭘 위해서 하는 건가요?
연금은 정말로 받을 수 있나요?
맛있는 소고기덮밥은 언제 먹을 수 있나요?
개혁, 개혁 말하는데, 언제 끝나나요?
맛있는 야채를 먹여줄 순 없는 걸까요?
단혼세대는 앞으로 어찌 되는 거죠?
헌법은 정말로 바꿔야만 하는 걸까요?
전쟁은 정말로 없앨 수 없는 걸까요?
블로그는 재밌나요?

어른이 될수록, 알 수 없는 것이 늘어간다.
아는 것은, 살아가는 것.
아사히신문

아사히신문
나이가 들수록, 알 수 없는 것들이 늘어만 갑니다.

매체 I 라디오 광고
소재 I 기업PR(신문)

짜릿하고 따뜻하게

어렸을 때는 너무도 잘 알았습니다.
누가 착한 놈이고 누가 나쁜 놈인지를.
하지만 지금은 그 경계를 모르겠습니다.
이렇게 보면 얘가 착한 놈 같고,
다르게 보면 쟤가 착한 놈 같습니다.
나쁜 놈은 태어날 때부터 나빴다고 생각했지만
그게 아닐 수도 있다는 것을 알아버렸을 때,
나는 누구를 욕해야 하는 걸까요?
그 상황을 견디지 못하고 악을 택해버린 그일까요?
나라도 견디지 못했을 것 같은 상황을 욕해야 할까요?

어렸을 때는 누가 우리 편인지를 알았습니다.
게다가 우리 편은 무조건 착하다고 생각했습니다.
하지만 지금은 모르겠습니다.
모두가 우리 편이 아닌 것 같고
우리 편이 될 수 있을 것 같기도 합니다.
이젠 우리가 과연 정의의 편인지도 모르겠습니다.
그리고 그 정의라는 것이 뭔지도 모르겠습니다.
어떤 사람의 입장에서 보면 정의인데
어떤 사람에겐 또 그게 아닐 수도 있으니까요.

어떤 사람은 정의를 구현하기 위해 부정을 저지릅니다.
드라마 속에서는 대부분 그의 부정을 용서하지 않지만
나라면 어떨까 생각해봅니다. 그 사람은 정말 정의로운 사람이거든요.
오죽했으면 부정을 저질렀을까요. 나는 점점 알 수 없어집니다.

어렸을 때는 무엇이 옳고 그른지가 확실했습니다.
지금은 모르겠습니다.
법에 따르는 기준이 무조건 옳은 것만은 아닐 때도 있고 이성적으로는 분명 옳은 일인데 감정적으로는 동의할 수 없는 것들이 있습니다.
이에는 이, 눈에는 눈 같은 방식의 일처리를 해서는 안 된다는 것을 알면서 때로는 그런 방식만이 마음을 납득시키기도 합니다.

내 안에 잔혹함이 숨어 있기 때문일까요?
이 옳고 그름의 기준은 무엇에 맡겨야 할까요?
스스로의 양심인가요? 점점 알 수 없어집니다.
예전에는 누군가가 내려준 답을 따라가면 됐는데
이제는 그 답을 의심하게 됩니다. 따라갈 수가 없습니다.
의심이 많아진 걸까요? 호기심이 많아진 걸까요?
이해심이 많아진 걸까요?

나이가 들수록, 알 수 없는 것들이 늘어만 갑니다.
문제는, 아무도 알려주지 않는다는 거겠죠.
스스로 내린 답에 대한 신념을 가지는 것이
서른하나의 저에게 가장 필요한 일인지도 모르겠습니다.

'얘기하고 싶어서…'
이 이상의 용건은 없습니다.

NTT

NTT
매번 똑같은 이야기가 반복됩니다.
나의 삶이 반복되듯.

매체 | 인쇄 광고
소재 | 기업PR(통신)

"지금 어디야?"
"퇴근하는 중이야."
"오늘 뭐 했어?"
"뭐 그냥. 인쇄 카피 쓰고, 라디오 카피 쓰고 이것저것 잡일하고 그랬어."
"별일 없었지?"
"내가 XXX하게 했다고 A가 막 XXX하는 거야. 이거 내가 잘못한 건가?"
"아니, 전혀. 그게 뭐가 잘못한 거야? 그 사람 되게 웃기네?"
"그치? 나 별로 잘못한 거 아니지?"
"나도 그렇게 하고 우리 팀원들 다 그렇게 하는데 뭐. 되게 어이없다. 그 사람 뭐야?"
"좀 재수 없어. 그거 땜에 좀 짜증났지."
"그냥 잊어버려. 그러려니 해. 그런 사람들 좀 있잖아."
"그러게. 지금은 괜찮아."
"퇴근하는 거 보니 별로 안 바쁜가 보네?"
"응, 일이 좀 빠졌어. 혹시 주말에 어때?"
"음, 아직은 잘 모르겠는데. 시간이 날 것 같기도 하고. 주말에 영화나 좀 보러 가자. XXX가 되게 재밌대."
"그래? 미리 예매해야겠다. 주말에 쉬었음 좋겠는데 어찌 되려나. 주말에 쉬는 거야?"
"음, 나도 지금은 쉴 것 같아. 더 지나봐야 알지. 쉬면 쇼핑이나 좀 할까?

안 한 지도 좀 됐는데."
"그래그래. 나도 입을 옷이 별로 없어서."
"어디로 가지?"
"XXX가 제일 낫지 않아? 그나마 많이 사잖아."
"그 골목에 있는 XXX도 한 번 가보자. 보니까 예쁜 거 많던데."
"응응. 아, 지금 계속 통화해도 되는 거야?"
"곧 회의야."
"그럼 끊어야겠다."
"회의 끝나고 연락할게."

별 이야기가 없습니다. 클라이맥스도 없습니다. 발단-전개-절정-결말의 구조도 없습니다. 무엇이 메인 요리인지 애피타이저인지도 모르겠습니다. 그냥 일상입니다. 매번 똑같은 이야기가 반복됩니다. 나의 삶이 반복되듯.

왜 전화를 했을까?

용건은 없습니다. 사실 퇴근길에 이야기가 하고 싶어서 전화했을 뿐. 하지만 나는 생각합니다.
용건이 없다는 것이 최고의 용건이라고.
특별한 볼 일이 있어서도 아니고 어떤 소식을 전하기 위해 건 전화도 아닙니다. 정말 말 그대로 이야기를 하기 위해서입니다. 이야기의 주제는 무엇이든 상관없습니다. 장르도 의미 없습니다. 이때의 용건은 오로지, 전화를 받고 있는 '당신'뿐이니까요.

나는 그래서 이런 통화가 좋습니다. 볼일이 있어서 주고받는 긴급한 전화는, 회사 동료의 전화일 수도 있고 맡겨둔 옷을 찾아가라는 백화점의 전화일 수도 있고, 택배 전화일 수도 있습니다. 하지만 아무런 용건 없이 그저 이야기가 하고 싶어서 걸고야 마는 전화는 이유 없이도 떠들 수 있는 '우리 사이'가 아니면 안 됩니다. 얘기가 하고 싶어서 거는 것 이상의 용건은 없다는, NTT의 카피에 고개를 수없이 끄덕이게 되는 것도 그 때문입니다.

우리는 특별한 계기가 없어도, 늘 이어져 있다는 사실이 너무도 소중해서 나도 모르게 '당신'에게 전화를 걸고 있는 것입니다.

"무슨 일 있어?"
"아니, 그냥."

용건은 늘, '당신'뿐입니다.

아주 오래전에 드린 것을,
엄마는 언제까지나 가지고 있다.

이와타야

이와타야
엄마, 아빠에게 자식만 한 산타클로스가 또 있을까요?

매체 | 인쇄 광고
소재 | 기업PR(백화점)

이 신발이 제일 편해,
하면서 허리가 안 좋으신 우리 엄마는 매번 똑같은 신발을 신습니다. 신발은 많이 걸을수록 금방 닳아버리는데, 엄마는 매번 그 신발만 고집하십니다. 그렇게 많이 걷지 않는 저도 몇 켤레의 신발을 갖고 있는데. 신발은 돌려 신어야 오래간다면서 당연하다는 듯이 몇 켤레의 신발을 갖고 있는데. 세일 소식이 들리면 또 한 켤레 사겠다고, 내 신발 사겠다고 백화점에 가는데. 근데 엄마는 늘 그 신발만 신고 계십니다.

이 가방이 제일 가벼워,
하면서 허리가 안 좋으신 우리 엄마는 매번 똑같은 가방을 듭니다. 가방도 똑같은 걸 많이 들고 다니면 금방 해지는데, 엄마는 매번 그 가방을 들고 다니십니다. 유독 많은 걸 넣고 다니는 엄마는, 또 많이 걸어 다니는 엄마는 너무 무거우면 허리와 다리에 부담이 가서 안 좋다는 이유로, 제일 가볍다는 그 가방만 들고 다니십니다. 저는, 또 내 가방 사겠다고 매번 인터넷 쇼핑몰을 두리번거리는데. 가방 두세 개는 기본으로 있어야 한다며 그 이상을 사겠다고 쇼핑에 나서는데 엄마는 늘 그 가방입니다. 분명 여기저기 둘러보면 그보다 가볍고 좋은 가방이 있을 텐데도 말입니다.

사실, 엄마도 갖고 싶어하는 것이 있긴 했습니다.
바로 선글라스. 엄마는 오랫동안 한 선글라스만 고집하고 계십니다. 선글라스라기보다는 안경이지만요. 그 안경이 엄마에게 너무도 잘 어울려서, 그래서이긴 하지만, 외할머니처럼 멋부리기 좋아하는 우리 엄마는 하나 더 갖고 싶으신 거겠죠. 엄마도 늘 꾸미고 싶고, 멋지게 보이고 싶으니까요. 그럼에도, 저는 또 제 것만 사고 엄마 선물을 잊어버렸습니다. 못난 딸입니다.
이런 사실을 깨달을 때면 돈 욕심이 납니다. 돈에 큰 욕심은 없는 편이었지만 욕심을 내보고 싶어집니다. 제가, 제 가정이 먹고살 정도만이 아니라 엄마, 아빠에게 사드리고 싶은 걸 얼마든지 사드릴 수 있을 만큼 많이 벌 수 있다면 얼마나 좋을까라고. 좋은 집도 사드리고 싶고, 아빠에겐 좋은 오디오도 선물해드리고 싶고, 엄마에겐 엄마가 마음껏 멋부려도 좋을 스폰서가 되고 싶다고 생각합니다.

분명 많은 돈을 가지고 있지 않다면 이 못난 딸은 망설임 없이 자기 것만 사겠죠. 부모님을 생각할 여유가 생겼으면 좋겠다고 생각합니다.
그러고 보니 이 이와타야의 카피는 현명하군요. 마냥 부모님에 대한 절절한 감정만 담은 것이 아니라, 뭔가를 사드리고 싶은 마음이 절로 들게 만드니까요.
저는 돈을 많이 벌고 싶습니다.
그래야 이기적인 제 몫도 챙기고 엄마, 아빠, 동생, 강아지 몫까지 여유 있게 챙길 테니까요.
머리 위에 선물을 올려놓을 수 있을 만큼 열심히 열심히 벌고 싶네요.

엄마, 아빠에게
자식만 한 산타클로스가 또 있을까요?

말할 수 없는 경우가 많으니까,
사람은 쓰는 거라고 생각한다.

빠이롯트

빠이롯트
쉽게 써지지 않고, 쉽게 지워지지도 않습니다.
그러니까 쉽게 읽히지 않고, 쉽게 잊히지도 않겠죠.

매체 | 인쇄 광고
소재 | 기업PR(만년필)

누군가의 세 살짜리 조카에게, 저 사람, 금붕어 닮았어, 라는 얘길 듣고 꽤 쇼크를 받았습니다. 눈이 좀 튀어나오긴 했지만, 살다 살다 그런 얘긴 처음 들어봤습니다.

나라면 못할 얘기지요. 상대방에게 상처를 줄 테니까요. 그러고 보면 아이들은 이제 막 말을 배우면서도 할 수 없는 말보다는 할 수 있는 말이 더 많은지 모르겠습니다. 그 아이는 사랑한다는 말도 삼촌에게, 할머니 할아버지에게, 엄마 아빠에게, 심지어는 나에게도 할 줄 압니다. 보고 싶다는 말도 거리낌 없이 합니다.

그 말의 뜻을 알고 하는 건지는 모르겠지만, 마음이 이끄는 대로, 말은 따라갑니다. 나는 아버지에게 그런 얘기를 할 수 있나, 싶습니다. 할머니, 할아버지, 심지어 친척들에게도 말입니다. 어색하고, 낯간지럽고, 민망해서 못합니다.

그뿐일까요. 엄마한테, 동생한테 그리고 선생님한테나, 친구에게 때로는 남자친구에게, 회사동료에게나, 상사에게도. 마음이 이끄는 곳으로 말은 따라가지 못합니다. 맛없는 걸 맛없다고 말하지 못합니다. 상대방이 정말 좋아하는 음식이라면 말이죠. 이상한 걸 이상하다고 말할 수 없습니다. 상대방이 정말 좋아하는 스타일이라면 말이죠. 지금 내가 지극히 우울하고 슬프다거나 지금 이런 엉망인 상태라고, 솔직하게 털어놓을 수 없습니다.

상대방이 지금 최고의 기분을 만끽하고 있다면 말이죠. 나는 아마도 많은 말을 삼키는지 모릅니다. 내가 정말 좋아하는 상대 앞에선 그냥, 그 사람과 같은 생각을 가진 사람으로 보였으면 싶기 때문입니다. 그 사람을 상처 줄까봐 두려운 것이 아니라 그로 인해 내가 상처를 입을까봐 두려운 것 같습니다. 이런 것을 이기적이라고 하는 거겠죠.

세 살짜리 조카아이도 점점 사랑한다는 말을 아끼게 될 것이고 보고 싶다는 말을 쉽게 못하게 되겠죠. 분명 저도 그때는 자신의 감정에 솔직해지는 것이 두렵지 않았고, 쑥스럽지 않았고, 낯간지럽지 않았을 겁니다. 그런 진심 어린 말도 쉽게 하지 못하는 것이 나이를 먹는다는 증거인 듯합니다. 어른이 된다는 것은, 비록 아이보다 많은 말을 알지라도 할 수 있는 말이 별로 없다는 것을 깨달아가는 과정인지도 모르겠습니다.

그래서입니다. 빠이롯트가 말한 것처럼, 쓴다는 것은 구원이 되어줍니다. 쓴다는 행위는, 분명 무언가를 남기기 위해 시작됐을지도 모르지만 뱉어내기 위해 시작된 건지도 모르겠네요. 마음에 넘쳐흐르는 말을 담을 곳이 없어서 백지에 쏟아내기 시작한 건지도, 그런지도 모르겠어요.
일기가 없다면, 우리는 그날의 감정을 어디다 말해야 할까요.

편지가 없다면, 이 표현력이 결여된 나 같은 사람은 엄마, 아빠에게 어떻게 사랑한다, 고맙다 전할 수 있을까요. 낙서가 없다면, 나는 어디에다 '임금님 귀는 당나귀 귀'라고 외칠 수 있을까요. 최근엔 회의할 때 말고는 펜으로 종이에 뭘 쓴 적이 없네요. 이러다 내 손글씨도 잊어버리겠어요.

올해가 가기 전에 누군가에게 내 손글씨를 보여주고 싶습니다. 쉽게 써지지 않고, 쉽게 지워지지도 않습니다. 그러니까 쉽게 읽히지 않고, 쉽게 잊히지도 않겠죠?

글씨 연습 좀 해야겠습니다.

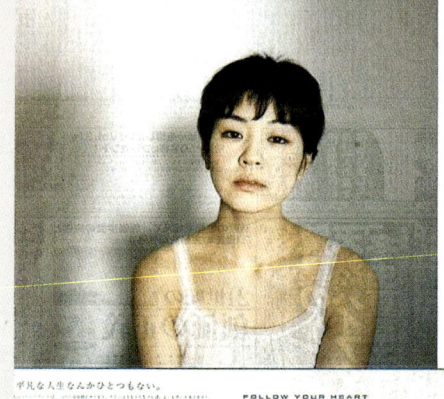

리쿠르트

마음이 이끄는 방향대로 한번쯤은 흔들려보는 것이야말로
사실은 인생에 게으름을 피우지 않는 것입니다.

매체 | 인쇄 광고
소재 | 기업PR(구인구직)

강할 때의 나보다
약할 때의 내가
진정한 자신일지도 모른다.

거짓말을 하는 나보다
정직한 내가
사람을 상처 입히곤 한다.

의심하는 자신보다
완벽하게 믿는 자신이
게으름을 피우는 것 같다.

누군가를 생각하는 나보다
자신을 생각하는 내가
누군가를 행복하게 할 것 같은 생각이 들었다.

오늘의 나는, 지금 이 순간만의 나.
내일의 나는, 또 분명 다를 것이다.
자신을 부순다. 자신을 만든다.
누군가를 만나서, 또 내가 태어난다.

답은, 하나가 아니다.
FOLLOW YOUR HEART

리쿠르트

당신은, 당신의 마음을 제대로 follow하고 있습니까.

제가 좋아하는 일본드라마 두 편은 신기하게도 똑같은 명대사로 용기 없는, 그래서 주저하는, 때문에 보는 사람을 답답하게 하는, 자신의 마음을 follow하지 못하는 주인공의 등을 힘껏 밀어줍니다. 갖고 싶은 건 갖고 싶다고 말해도 되는 거야, 라고 말하거나 갖고 싶은 건 갖고 싶다고 확실하게 말하지 않으면 손에 들어오지 않아, 라고 말하면서.

이 두 드라마에서 주인공이 얻고 싶었던 것은 공통적으로 하나였지요. 마음. 그것도 좋아하는 사람의 마음. 세상에서 제일 얻기 어렵다는 마음이었습니다. 사람들은 내가 굳이 말하지 않아도 행동으로 느낌으로 전해질 거라고, 상대가 알 거라고 생각하지만, 사실은 그렇지 않지요. 느낌이나 행동만큼 애매한 것은 없으니까요. 이건 비단 사람의 마음 얻기에만 해당되는 것은 아닌 것 같아요. 인생도, 분명 그렇겠지요. 고백하지 않으면 짝사랑으로 막을 내리는 거겠지요. 부모님에게, 선생님에게, 친구에게 그리고 자기 자신에게. 좋으면 좋다고, 나는 이 길을 가겠다고, 몇 명의 반대자와 부딪치고 몇 명의 지원군을 얻어야 사랑을 쟁취하듯, 가고 싶은 인생을 얻게 되는 것 같습니다.

하지만 지금 용기를 내어 고백했다가 그 사랑이 슬프게 끝날지라도 사랑은 새로운 사랑으로 언젠가는 다시 찾아오지만 인생은 쉽게 돌이킬 수 없다는 생각에, 우리는 마음이 이끄는 방향보다는 머리가 이끄는 방향으로 걸어갈 수밖에 없는 것 같습니다. 갖고 싶은 걸 갖고 싶다고 말했다가, 이기적인 욕망을 분출했다가 누군가를 상처주고, 외톨이가 될 것을 두려워합니다.

마음을 제대로 follow 할 수가 없습니다. 취업이나 이직을 돕는 회사인 리쿠르트는 그래서 이런 카피를 썼나봅니다. 마음을 따라서 좋아하는 일을 하라고 말입니다. 강하지 못하고, 고민하고 망설이는 약한 모습을 보이기를 두려워하지 말라고 말해주는 것 같아요. 진짜 자신을 만나는 길이라는 위로인 거죠. 분명 자신에게 솔직한 것은 누군가에게 상처를 줄 수도 있지만, 그렇다고 자신을 속이지는 말라고. 단 한 번이라도 머리가 이끄는 방향을 의심해보라고. 마음이 이끄는 방향대로 한번쯤은 흔들려보는 것이야말로 사실은 인생에 게으름을 피우지 않는 것이라고. 그저 이 길이 맞다고 의심 한 번 없이 사는 것보다 그것이 훨씬 낫다고 말이죠. 행복이 무엇인지 아는 사람만이 그와 똑같은 것을 누군가에게도 만들어줄 수 있죠. 그러니까, 우선은 '나 자신'부터 행복해지라고, 이기적이 되어도 좋다고 리쿠르트는 말합니다.

난 태어나서 죽을 때까지 내 편이야, 라고 외치던 만화의 대사가 생각나네요. 내 마음을 알아주는 건 '나'밖에 없죠. 내 마음도 몰라주면서 남의 마음을 헤아릴 순 없을 겁니다. 그러니까 저는 인생을 마음 따라가는 대로 사는 것이 정말 두렵다면 사소한 것만이라도 follow my heart를 하려고 합니다. 하고 싶은 일을 못하면 아이가 우는 것처럼, 내 마음도 구석 어딘가에서 울고 있을 테니까요. 그러다 마음이 작동하기를 포기하는 것이 실패하는 것보다 더 무서운 일이니까요.

인생에 오답은 없다고 합니다. 답이 하나만 있는 것이 아니라는 것은 실패도 정답이라는 뜻 아닐까요.

3월에 수확하려면
2월에 씨를 뿌려야 합니다.

2. 14 세이부의 밸런타인
Love & Valentine

모른 척하고 있었지만
얼굴이 빨개져서 들켰습니다.

2. 14 세이부의 밸런타인
Love & Valentine

좋아했던 사람을
많이 닮았다는 말을 듣는다 해도.

2. 14 세이부의 밸런타인
Love & Valentine

여자친구가 있는 것만 빼곤
전부 좋아합니다.

2. 14 세이부의 밸런타인
Love & Valentine

세이부 백화점
이 말을 뱉는다는 걸 상상하는 것만으로도 심장이 이렇게 작동한다는 것을,
그 말의 온도를 뼈저리게 느끼게 되지요.

매체 | 인쇄 광고
소재 | Love & Valentine 기획

짜릿하고 따뜻하게

좋아하는 사람에게 슬쩍이나마 마음을 비추는 날. 밸런타인데이. 길거리, 편의점, 백화점 등등에서 너나 할 것 없이 사랑을 선물하라고 말하는 날. 즉, 전 세계가 공식 지정한 고백의 날. 당신은 이 날을 적극 이용한 적이 있나요?

저는 솔직히 없습니다. 딱 한 번 초등학교 6학년 때 소극적으로 이용해봤을 뿐입니다. 문제는, 소극적이라는 것에 있습니다. 올림푸스의 카피를 살짝 비틀자면, '그 아이에게 주고 싶어서 친구 모두에게 초콜릿을 줬다'입니다. 왠지 친구들에겐 들킬까봐, 반 남자애들 모두에게 장난삼아 초콜릿을 주는 듯 행동했지요. 그때는 졸업식을 코앞에 두고 있었으니, 화이트데이에 뭔가가 돌아올 것이라고는 기대하지 않았어요. 그리고 그렇게 머리가 잘 돌아가는 어린이는 아니었거든요. 그것뿐이었습니다. 밸런타인데이에 대한 추억은 의리 초콜릿을 가장한 진심 초콜릿 그것뿐.

하지만요, 저는 밸런타인데이가 있어서 다행이라고 생각하는 사람입니다. 고백할 용기가 없지만, 잘 이용할 줄도 모르지만, 사랑앓이를 하고 있을 이 땅의 누군가에겐 정말 축복을 주는 날이 아닐까 싶어서 말이죠. 과거에 만났던 연인을 닮았다는 말을 듣는다고 하더라도. 자신의 모습에서 지난 연인을 떠올리며 그 추억에 산다고 하더라도. 비록 그에게 여자친구가 있다고 하더라도. 의리 초콜릿을 가장한 진심 초콜릿이든, 자신의 마음을 털어내고 다음 사랑으로 옮겨가기 위함이든, 이 날은 어떤 식으로든 필요한 날 같거든요. 용서받지 못한 사랑이라 하더라도, 이날만큼은 하늘도 용서해주지 않을까라는 기대감. 게다가, 서로 사랑을 확인하기에 무뎌진 연인들에게도 좋은 기회. 어쩌면 서로 마음을 자주 전하지 못하는 사람들이 너무 많아서 생기는 문제를 예방하는 차원으로 공식 고백의 날을 정해놓은 건지도 모르겠다는 생각이 듭니다.

마음은 표현하지 않으면 전해지지 않습니다. 표현하기 지극히 쑥스러워하거나 표현력이 놀라울 정도로 없는 사람, 그러니까 용기 없는 사람도 반드시 전해야만 하는 말. 그렇게 입 밖으로 내놓기가 힘든 말. 수천 번은 혼자서 되뇌었을 말. 이 말을 뱉는다는 걸 상상하는 것만으로도 심장이 이렇게 작동한다는 것을, 그 말의 온도를 뼈저리게 느끼게 되지요. 평생 이 말의 동의어는 찾을 수 없을 줄 알았는데 누군가가 초콜릿으로 만들어놓았네요. 참 다행입니다. 비록 밸런타인데이 한정이지만요.

난, 널 좋아해.

Have a good die.

내가 사는 길

내가 사는 길
행복하게 죽읍시다.
우리는 잘 죽기 위해, 이토록 잘 살고 있는가 봅니다.

매체 | 인쇄 광고
소재 | 드라마

"미도리, 어째서 죽을 남자와 결혼을 한다는 거냐?"

아버지는 그 남자가 좋았습니다. 적극 찬성했습니다. 하지만, 하지만 그 남자의 인생이 앞으로 채 1년도 남지 않았다는 이야기를 듣고, 소중하디 소중한 딸을 결혼시킬 수가 없었습니다.
아버지는 반대하기 시작합니다. 세상 모든 부모가 분명 그럴 것입니다. 아버지의 결혼 반대에 미도리는 이렇게 답합니다.

"죽을 남자라는 거, 그 사람 하나만이 아니에요. 세상 모든 남자가 죽어요."

이 포스터와 카피는 드라마를 보고 난 후, 아주 아주 시간이 많이 흐른 후에 접하게 되었습니다.
〈내가 사는 길〉이란 드라마는 시한부 인생을 다룹니다. 어떻게 죽음을 준비할 것인가. 어떻게 좋은 죽음을 만들어갈 것인가. 드라마를 관통하는 주제가 저 포스터 안에 제대로 압축되어 있더군요. 그것은 '내가 사는 길'이라는 제목을 만나 빛을 발하게 됩니다. 그래요, 이 드라마는 죽음을 이야기하지만 사실은 누구보다 절실한 삶을 보여주기 때문이지요. 분명 'good die'를 하기 위한 이 남자의 길을 그리고 있지만 이 길은 죽는 길이 아니라 사는 길입니다. 끝남이 있다는 것을 실감한 순간부터 이 남자의 길은 진정 살아나게 됩니다. 죽음은 삶의 끝이라고 생각했지만 사실은 동일선상에 놓여 있다는 것을 느끼게 해줍니다. 누군가가 그랬죠. 죽음이야 말로 가장 위대한 발명품이라고.

자, 당연히 드라마는 그의 달라진 모습을 보여주겠죠? 그는 적극적으로 삶을 만들어갑니다.
남의 삶까지 끼어들어 그 사람을 변화시키기도 합니다. 그런 그의 모습은 주변 사람들을 움직이고 미도리의 마음까지 사로잡습니다. 그리고 드라마를 보는 모든 사람들에게 불현듯 깨달음을 줍니다. 미도리의 말이 맞다는 것을요. 죽을 사람은 이 사람만이 아니라는 것을요. 우리 모두 언젠가는 죽습니다. 우리는 모두 시한부 인생을 살고 있습니다. 다만 그는 자신이 언제 떠날지를 알고 있을 뿐입니다. 포스터 속의 그는 미도리의 손을 잡고 웃고 있습니다.

Have a good die.

전 처음엔 이 드라마의 주제를 얘기하는 줄 알았습니다. 근데 아닌 것 같아요. 이 주인공이 저에게, 우리 모두에게 하는 얘기 같아요. 마치 '좋은 시간 보내세요'라고 인사하는 것처럼. 내가 그랬듯이 당신도 그러라고. 인생에 종료 버튼을 눌러야 할 때 다시 한 번 창을 열고 싶은 충동보단 온전히 잘 끝났다는 인생에 대한 충만감, 할 일 다 하고 노트북을 덮을 때의 쾌감, 끝남의 기쁨. 그것은 사랑에 주저주저하면서, 푹 빠지기를 두려워하다가 제대로 끝내지 못한 사랑이 아닌, 있는 힘껏 사랑하느라 모든 걸 던져야 했던 사랑에 대한 일말의 자부심. 영화의 엔딩크레딧이 올라갔을 때 아쉬움 없이, 굳이 속편에 대한 미련 없이도 그 자체로 좋은 영화를 봤다며 자리에서 일어날 수 있는 그런 행복. 저는 인생에서도 그 같은 기분을 맛보고 싶습니다.

행복하게 죽읍시다.
우리는 잘 죽기 위해, 이토록 잘 살고 있는가 봅니다.

위스키도 음악도 없었다면
마음은 엉망이 됐을 거야.

따뜻한 화이트.

산토리 화이트

산토리 화이트
누군가가 혼신을 다해서 만든 것은
늘, 이렇듯 마음을 뒤흔드나 봅니다.

매체 ǀ TV 광고
소재 ǀ 위스키

정말 그랬을 것 같죠?
술이 없어도 그랬겠지만, 음악이 없었다면
이 마음, 누가 달래줄까 싶죠?
사실 그 음악이란 것이 나란 사람 혼자만을 위한 것은 아니지만
때론 누군가의 말보다 뼈에 사무치죠?
참 신기하죠?
그들도 내 마음을 모를 테고, 나 역시 그들이 어떤 사연으로
이런 곡을 쓰게 됐는지 모르는데
어쩜 그리 잘 통하는지,
신기하고 또 신기하기만 합니다.
그뿐 아니죠.
때론 말도 통하지 않죠. 무슨 말을 하는지 정말 모르겠죠.
그런데 마음이 울적할 때면 들리지도 않는 그들의 이야기를 듣고 있죠.
마음이 안정되죠. 참 신기하죠?
더 신기한 것은, 이 이야기들은 세대 차이가 없다는 거죠.
10년, 20년, 30년이 지나도
그 세월 속에 수많은 생명이 태어나고 사라져도
역사가 생각지도 못한 방향으로 흘러가고 또 그 흐름이 바뀐다 해도
이 이야기들은 아직도 효력이 있습니다.
물론, 그런 이야기들은 보통 이야기가 아니지만 말입니다.

짜릿하고 따뜻하게

음악이 그 위력을 발휘하는 순간,
당신은 그 순간을 목격한 적 있는지요.
저는 목격하고야 말았습니다.
음악이 없었다면, 내 마음은 분명 엉망이 되었을 것이고,
그것은 다른 사람들에게도 마찬가지며,
결국 세상은 엉망이 되었을 거라고 말이죠.
2010년 8월 10일, 스티비 원더의 콘서트.
많은 블로그를 통해 감동의 후기가 쏟아졌던 그 콘서트,
그 자리에 제가 있었음을 감사할 수밖에 없었지요.

지금껏 재미없는 콘서트는 하나도 없었습니다.
모든 콘서트가 나름의 매력이 있었고, 즐거웠고 좋은 추억이 되었습니다.
그럼에도 스티비 원더의 콘서트는 조금 달랐습니다.
이런 콘서트는 또다시 겪지 못할 것이라는 생각이,
그 어두운 현장에 밝은 빛이 쏟아지는 순간에, 땀에 흠뻑 젖은 사람들이
빠져나가는 순간에, 자리를 쉽게 벗어나지 못하고 있던 순간에 떠올랐습니다.
이것은 저뿐만이 아니라 함께 갔던 다른 사람들의 이야기이기도 했습니다.
저는 산토리 위스키의 카피를 처음 읽었을 때도, 고개를 크게 끄덕이며
'그래, 맞아. 음악이 없었다면 우리 인생이 얼마나 삭막했을까'라고
그렇게 공감했지만, 동의했지만,
음악의 위대함을 이미 알고 있다고 믿었지만
사실은 정말로 알고 있던 게 아니더라구요.
저는 제가 그럴 줄 몰랐습니다.

이 티켓을 샀을 때는 분명 엄청나게 기대하고 있었고,
마이클 잭슨의 공연에 가지 못했던 후회를 떨쳐버리겠다고 각오했지만
설마 10cm 하이힐을 신고 그렇게 뛸 줄은,
나와 세대도 다른 60세 가수에게 열광하며 목이 쉬도록 소리를 고래고래
지를 줄은 정말 정말 몰랐거든요.

그뿐일까요.
그 어떤 공연에서도 볼 수 없던 진풍경이 거기엔 있더군요.
공연장 천장에 사람 머리가 닿을 만큼 좌석 맨 끝까지 빈틈없이 가득 찬 사람들.
언제나 공연 중에는 일어날 줄 모른다고 생각했던 VIP석 사람들마저 일제히 일어나 소리 지르고 뛰고 춤을 추는, 마치 외국의 콘서트 문화를 연상케 한 풍경.
젊은 사람도 한참 윗세대도 너나 할 것 없이 영혼을 빼앗겨버린 그 순간.
쌓아둔 일이나, 스트레스 따위 모두 함께 허공에 날려버린 그 순간.
아, 음악이 없었다면 우리에게 과연 이런 순간이 찾아왔을까요.
음악을 하는 사람 말고, 그 어떤 사람이 우리를 이 지경으로 만들 수 있을까요.
이것은 중독과도 같아서 저는 또 콘서트에 가고 싶어졌습니다.
누군가가 혼신을 다해서 만든 것은 늘, 이렇듯 마음을 뒤흔드나 봅니다.
그들의 손아귀에서 흔들렸다가 울었다가 영혼을 빼앗겼다 하는 것은 생각보다 유쾌한 일이네요.
음악을 만드는 모든 분들에게 감사해야겠습니다.

그리고, 이런 얘기를 하고 싶어졌습니다.
스티비 원더, 클린트 이스트우드.
제가 오래 살길 바라는 분들입니다.
제발 건강하세요.
나는 아직 당신들의 손아귀에서 노는 것이 행복하다구요.

鏡の前でガッツポーズの練習。

거울 앞에서 승리 포즈 연습

カラオケBOXで校歌の練習。

가라오케 박스에서 교가 연습

念のため、砂を袋につめる練習。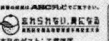

만일을 위해, 모래를 자루에 담는 연습

コサインよりも、サインの練習。

코사인보다, 사인의 연습

名門校の肩書きにビビらない練習。

명문학교의 이름에 주눅들지 않는 연습

野球の神様の裏をかく練習。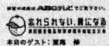

야구의 신의 허를 찌르는 연습

試合後のインタビューに答える練習。

시합 후 인터뷰에 답하는 연습

タオルでこっそり涙をふく練習。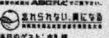

타월로 살짝 눈물을 닦는 연습

あっ。胴上げの練習、忘れてた。

앗. 헹가래 연습, 까먹었다.

잊을 수 없는, 여름이 된다.

아사히방송

아사히방송
매년, 잊을 수 없는, 봄, 여름, 가을, 겨울을 만들고 싶습니다.

매체 | 인쇄 광고
소재 | 코시엔 특집방송

짜릿하고 따뜻하게

아다치 미츠루의 만화를 좋아합니다.
그의 만화를 좋아하는 사람들은 분명, 이 단어를 잊지 못할 겁니다.
갑자원. 일본어로, 코시엔이라 부르는 전국고교야구대회.
그는 스포츠 만화를 즐겨 그리는데, 야구를 소재로 다룰 때 가장 극적이고,
가장 조마조마하며 가장 아다치 미츠루다운 감성이 묻어나옵니다.
적어도 저는 그렇게 느꼈어요.
물론 코시엔은 아다치 미츠루의 만화에서만 만날 수 있는 건 아닙니다.
야구를 다루는 일본의 만화나 드라마라면 코시엔을 언급하지 않을 수가 없죠.

지역별 예선이라는 치열한 싸움을 거쳐서 우뚝 선 자만이 코시엔의 흙을 밟을 수 있습니다.
그리고 거기서 또 힘겨운 싸움을 하게 됩니다.
그들은 코시엔에서 1승도 거두지 못하더라도, 거기에 출장했다는 것만으로도 평생의 자랑처럼 여기며, 고향으로 돌아오는 날, 주머니에 코시엔의 흙을 담아옵니다. 소년들은 엉엉 웁니다.
신기하게도 이런 장면에 일본 사람들의 로망이 담겨 있는 듯합니다.
젊은 날, 청춘을 쏟아부어버리는 그런 로망.
비록 이것이 진실인지는 만화와 드라마로만 접한 저로서는 알 길이 없지만, 간간이 코시엔에 대한 광고를 접할 때마다 그 로망이 아주 거짓은 아

니라며 안심할 따름이었습니다.

코시엔 중계방송을 광고하는 저 카피들도 그렇습니다. 장난스럽지만, 고등학생들의 꿈을 슬쩍 엿본 듯하죠. 그들은 많은 이의 주목을 받을 것이고 우승했든 졌든 눈물을 훔칠 겁니다.
우리가 늘 듣던 애국가가 올림픽 무대에서는 남다르게 들리듯, 별것 아니게 느꼈던 교가도 코시엔의 흙 위에선 감동적일 거예요. 저는 교가를 그렇게 들어본 적도, 불러본 적도 없거든요.
그들에겐, 제가 고등학생일 때 갖지 못했던 열정 같은 것이 있습니다.
저는 그게 그렇게도 부러웠습니다.

일본의 청소년 스포츠 만화를 보면 이런 얘기가 많이 나옵니다.
잊을 수 없는 여름을 만들자, 라고.
고등학교 3학년생들은 또 이렇게 말합니다.
고교 시절의 마지막 여름을 멋지게 만들자, 라고.
그 당시의 전 그런 생각을 단 한 번도 한 적이 없습니다.
추억을 만든다든가, 이것이 고교 생활의 마지막 여름이라든가.
그러고 보니 라쿠텐 트래블의 카피 중에도 이런 게 있습니다.
초등학생의 여름은 여섯 번밖에 없다.

생각해보면 그때가 아니면 할 수 없는 것이 너무도 많았습니다.
그때 말고는 느낄 수 없는 것이 너무도 많았어요.
계절은 매년 찾아오는 것이고, 왜 매번 똑같은 것이라고 생각했을까요.
시간이란 그때 내가 어떤 모습이었는가에 따라 매번 다르게 변하고 있었는데 말이죠.
내가 나이를 먹어가는 만큼, 내 시간도 나이를 먹어가고 있었음을
저는 참으로 몰랐던 것 같습니다.
15세의 여름도, 18세의 여름도, 20세의 여름도
사실은 그때밖에 없었습니다.
매번 마지막 여름이었던 거죠.
코시엔을 다룬 만화 속 주인공들은 분명, 야구선수가 될 예정이었습니다.
하지만 굳이 장래를 프로야구 선수로 정하지 않았던 아이들도 있었어요.
그들은 그저 야구를 좋아했고, 한 번밖에 찾아오지 않는 여름을 이대로 보내고 싶지 않았던 것뿐이었습니다. 청춘이라는 이름의 여름을 화석으로 만들어 간직하고 싶었던 겁니다.

저는 몰랐던 것을 그들은 알고 있었습니다. 어쩌면 그것을 이제 막 알아챈 작가가 거기에 자신을 투영한 건지도 모릅니다. 그러면서 가르쳐줍니다. 당신이 지금 이 만화책을 읽는 이 순간도 지금밖에 없다고. 그리고 우리는 매번 뻔한 감동을 주는데도 스포츠 만화에 감동하며 읽기를 포기하지 않습니다. 우리가 하지 못했던, 잊을 수 없는 여름을 만들어가는 어린아이들이 정말 기특하니까요.
공부 외에, 사랑 외에, 연예인을 쫓아다니는 것 외에
무언가가 지극히 좋아서, 푹 빠져서, 자신도 모르는 열정을 발견했다면 10대의 시간이 얼마나 풍요로웠을까요.
그것을 우리 아이들에게 알려줄 수 있다면, 얼마나 좋을까요.

경험에 대한 카피를 쓸 일이 있었습니다.

무수히 많이 썼던 카피 중에 기억에 남는 게 하나 있습니다.
몇십 년을 살면서 자신만의 경험담이 없다면
이 얼마나 시간 낭비인가.
채택되지 않아 그 누구도 기억하지 않겠지만 저는 기억하고 있습니다.
사실, 제게 하고 싶은 얘기였기 때문입니다.

매년, 잊을 수 없는 봄, 여름, 가을, 겨울을 만들고 싶습니다.

저 사람의 손에, 꽃을 피우자.

하나 큐피트

꽃은, 누군가를 위해서 핍니다.

하나 큐피트

이제 갖고 싶은 건 없어, 라고 말하셨어도.

저 사람의 손에, 꽃을 피우자.
9월 15일은 '경로의 날'입니다.

하나 큐피트

아버지한테 어울리는 꽃이 있으려나.

저 사람의 손에, 꽃을 피우자.
6월 20일은 아버지의 날입니다.

하나 큐피트

하나 큐피트

박수칠 때 떠나는 삶보다
떠나는 순간에 박수를 받는 삶을 살고 싶어졌습니다.

📖
매체 | 인쇄 광고
소재 | 기업PR(꽃배달)

열심히 한 너에게 꽃을 들게 하고 싶다.

저 사람의 손에, 꽃을 피우자.
봄의 축복엔 꽃다발을.

하나 큐피트

인생에는 분명 시드는 순간이 있습니다.
사시사철 상록수처럼 늘 푸르게 산다면 더할 나위 없이 좋겠지만,
인간의 삶은 보다 꽃을 닮아서,
꽃을 피우는 절정의 순간이 있는가 하면
시들어버리는 순간도 있습니다.
꽃잎을 떨어뜨리는 순간도 있습니다.
그렇다고 해서 우리의 인생이 덧없는 것은 아닙니다.
꽃을 피우기 위해 노력하느라 있는 힘을 쏟고
서서히 시들어간다고 그게 아름답지 않은 것은 아니니까요.
사람들은 시들어가는 순간이 아름답지 않다고들 하지만
사실은 그것만큼 가슴 울리는 순간도 없습니다.

언젠가 어떤 스포츠 선수의 다큐멘터리를 본 적이 있습니다.
그는 한때 빛나는 꽃이었습니다.
스포츠 선수들의 늘 가슴 아픈 순간은,
나이가 들어서 예전 같지 않아, 라는 이야기가 들리고
이젠 전성기 때의 모습은 볼 수 없어, 라며
사람들의 시선에 안타까움이나 실망감이 깃드는 순간일 것입니다.
하지만 그는 모든 사람들의 시선이 그리 변해갈 때도,
꿋꿋이 자리에 서 있었습니다.

짜릿하고 따뜻하게

내려오라는 소리가 들리고, 너는 이제 아니라고들 하고,
당신은 시들었다고 말해도, 그는 그 자리에 있었습니다.
그 역시 전성기의 자신이 그리울 것이고,
지금은 초라해졌다고 느꼈을지도 모릅니다.

그런데, 왜일까요.
저는 그가 날아가는 새도 떨어뜨린다는 시절의 모습보다
나이 들어가는 모습이 더 감동적으로 느껴지더군요.
다들 박수 칠 때 떠나는 것이 좋다고 하지만,
저는 지금 모두가 박수를 치지 않을지라도,
언젠가 그의 뒷모습에 박수를 치게 될 것이라는 생각이 들었습니다.
박수 칠 때 떠나는 것만이 꼭 멋있는 마지막은 아닙니다.
그 순간이 한참 지났어도,
저는 그 사람의 삶에 힘껏 박수를 보낼 자신이 있습니다.
그는 자신의 삶에 지독히도 정직했고,
도망치지 않았고, 끝까지 싸웠을 것이기 때문입니다.
그것만큼 감동적인 순간이 또 어디 있을까요.

꽃을 선물할까, 하다가 늘 접게 되는 이유는 단 하나였습니다.
어차피 시들 텐데 돈 아깝잖아, 라는 이유로.
꽃은 절정에 아름다웠다가 쉽게 사라지니까 말입니다.
한마디로 그 값을 못한다는 것이었죠.
그런 자신이 참 속물처럼 느껴졌습니다.
왜 꽃을 피어 있는 순간만 아름답다고 느꼈던 걸까요.

왜 있는 힘껏 아름답게 피었다가 지는 갸륵한 마음에
박수를 보내지 못한 걸까요.
저는요,
박수 칠 때 떠나는 삶보다
떠나는 순간에 박수 받는 삶을 살고 싶어졌습니다.
내가 끝까지 버리지 못한 삶에 대한 집착에
누군가가 절로 박수를 보낸다면
그것만큼 바랄 것도 없을 것 같습니다.
시드는 꽃도 아름답다고 생각할 줄 알며
끝까지 도망치지 않는 그런 삶을 살고 싶습니다.
그런 내 삶에 꽃을 피우고 싶습니다.
그런 모든 이의 삶에도 꽃을 피우고 싶습니다.

공부는,
어른이 되면 하고 싶어진다.
서툴렀던 과목일수록
하고 싶어진다.

후지요트 학생복

공부가 하고 싶어진다는 것은, 자신의 부족함을 깨닫는 것.
그러니까, 그것이야말로 어른이 되었다는 증거인지도 모르겠습니다.

매체 | 인쇄 광고
소재 | 기업PR(학생복)

최근에 주변 사람들로부터 이런 이야기를 들었습니다.
"공부하고 싶어."
그리고 저도 종종 이런 생각을 합니다.
'공부할 시간이 있었으면.'
초중고 12년을 다니면서 그토록 하기 싫었는데,
심지어 대학을 다니면서도 그토록 하기 싫었으면서
최근에는 공부를 하고 싶어졌습니다.

저는 이런 생각도 합니다.
'지금 수학을 공부한다면 좀 더 잘할 수 있을 텐데.'
제가 가장 싫어했던 과목은 수학, 그리고 과학이었습니다.
과학이야 그렇다 치고, 수학은 도대체 이 어려운 걸 왜 배워야 하는지,
학문의 존재 이유를 잘 알 수가 없었습니다. 그냥 산수만 해도 인생 살아가는 데 문제가 없는데.
윤리 시간은 늘 자는 시간에 불과했죠. 시험 때는 늘 벼락치기. 말이 윤리, 철학이지 이해도 안 되는 남의 사상, 인생 살아가는 데 도움이 안 되는 것을 배운다고 생각했거든요.
제가 공부를 했던 이유는 딱 한 가지였습니다. 일본드라마 〈드래곤 사쿠라〉에서 나왔듯, 그저 세상에서 뒤처지고 싶지 않아서, 그것 뿐이었습니다.
요즘은 이런저런 책을 읽으며, 깜짝 놀라곤 합니다.

쓸모없다고 생각했던 학문들이 세상을 움직이고 있었던 겁니다.
수학에 관한 책을 읽으며 (약 70%는 이해하지 못하면서), 이 얼마나 매력적이고 필요한 학문이며, 이 학문을 연구하는 사람이야말로 순수한 열정을 지닌 사람이 아닌가, 진정한 천재가 아닌가, 생각할 지경이었습니다.
윤리에 관한 책을 읽으며 가치판단을 내릴 기준을 가진다는 것이 얼마나 중요한 일이며, 세상을 이롭게 하기도 그릇되게 하기도 한다는 것을, 그래서 많은 철학자들이 고민하고 연구했다는 것을, 정치는 물론 법과 경제에서도 윤리의 영역이 있다는 것을 깨달았습니다.

사실 학교를 다니면서 배운 것은 공부의 본질이 아니었습니다.
이제는 느끼기 시작했습니다. 이런 사실을 깨달아가는 희열이라고나 할까요.
이것이 진정 배움의 기쁨 아닐까 하는. 몰랐던 사실을 알게 된 통쾌한 기분.
예전에는 풀지 못했던 수학 문제를 풀어내고야 말았을 때 느끼는 보람.
아아, 이래서 사람들은 공부를 하는구나 싶은 생각이 절로 듭니다.
저는 모르는 게 너무 많습니다. 사람이 얕습니다. 깊이가 없습니다. 아직도 채울 것이 많습니다. 이런 생각은 공부하고 싶어하는 다른 사람들도 느끼는 생각이 아닐까 싶습니다.
그래서 저는 다시 공부하기로 했습니다.
적어도, 아이를 낳고, 그 아이가 학교를 다니면서 공부를 지겨워할 즈음,
자신이 왜 수학을 배워야 하는지 의문을 품을 때,
그 학문이 얼마나 대단한 건지 이해시킬 수 있을 만큼만.
윤리 시간이 졸리다고 말할 때,
그 학문이 얼마나 역사에 많은 기여를 해왔고,

삶에 필요한 것인지를 공감하게 할 수 있을 만큼만.
그만큼만이라도 공부를 하면 어떨까요.
그렇게 따지고 보면 배워야 할 것이 한두 가지가 아닙니다.

공부는, 어른이 되면 하고 싶어진다.

이 학생복 광고는, 그러니까 열심히 공부하라는 얘기일 수도 있고,
학생복을 입는 시절이 소중하다고 말하는 것일 수도 있습니다.
어른들은 너희를 부러워하고 있다는 이야기가 포함된 것일지도 모릅니다.
학생들에게 말하는 광고니까 말이죠.
저도 공감합니다.
하지만 그것은
학생일 때가 좋았지, 따위의 부러움은 결코 아닙니다.
그때 배움의 기쁨을 알았다면 인생이 바뀌었겠지, 하는 후회도 아닙니다.
알았더라면, 얼마나 그 시간을 소중히 썼을까요.
얼마나 즐거운 학창시절을 보냈을까 생각해봅니다.
어쩌면 시험이라는 종점이 없어져서인지도 모르겠습니다.
그저 순수하게 알고 싶은 것을 알게 되는 것 같다고나 할까요.

반대로 이런 생각도 듭니다.
공부가 하고 싶어진다는 것은, 자신의 부족함을 깨닫는 것.
스스로 성장하고 싶은 것. 배우는 즐거움이 무엇인지 아는 것.
그러니까, 그것이야말로 어른이 되었다는 증거인지도 모르겠습니다.

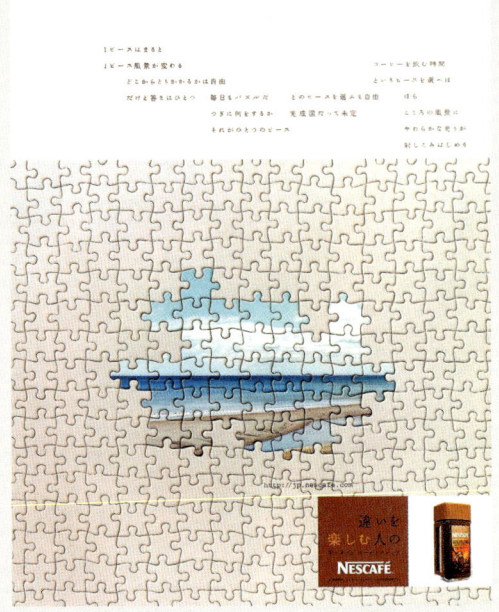

네스카페 골드블렌드
저는 미학이 담긴 순간을 마시고 왔다,
라고 믿고 싶습니다.

매체 | 인쇄 광고
소재 | 커피

한 조각 채워지면
한 조각의 풍경이 달라진다.

어디서부터 시작할지는 자유.
하지만 답은 하나.

매일매일도 퍼즐이다.
어떤 조각을 고를지도 자유.
다음에 뭘 할까.
그것이 하나의 조각.
완성도 역시 미완성.

커피를 마시는 시간,
이라는 조각을 선택하면

봐봐,

마음의 풍경에
부드러운 빛이
들어오기 시작한다.

**차이를 즐기는 사람들의
네스카페 골드블렌드**

짜릿하고 따뜻하게

'커피는 순간의 미학.'

카구라자카의 메인 거리를 걸어 올라가다보면, 오른편에 있는 초록색 차양, 좁은 현관, 그리고 좁은 계단. 현관문에는 이런 팻말이 있습니다. '커피는 순간의 미학.' 초록색 차양은 그 정신을 받아들인 듯, '커피미학'이라는 명찰을 달고 있었습니다.

좁은 계단을 올라가니 어두컴컴하고 작은 카페가 있었습니다. 나무 테이블과 나무 의자. 오래된 듯한 분위기. 옹기종기 혹은 따로따로 앉아 커피를 마시며 책을 읽는 카구라자카 주민들. 거기에는 앞치마를 단정히 두른, 70세 정도는 되어 보이는 주인할아버지, 마스터가 있더군요.

가죽 벨트, 가죽 가방, 가죽 신발만 팔던 멋쟁이 할아버지를 만난 이후로 오랜만에 만난 위풍당당한 포스의 할아버지. 친구와 제가 가죽제품 가게 할아버지를 '벨트의 장인'이라 불렀듯, 이 할아버지도 '커피의 장인'이라 느끼며 두근두근 메뉴를 주문했습니다.

쓴맛과 신맛. 커피미학의 오리지널 커피는 쓴맛을 시켜도 신맛이 난다고 친구가 말하더군요. 할아버지가 신맛을 좋아하시나 봅니다. 커피를 좋아하는 친구는 몰래몰래 할아버지의 손놀림을 구경했습니다. 할아버지가 워낙 무뚝뚝하셔서 말 붙이기도 무서웠죠. 그렇지만 전 용기를 내어 말했습니다.

"저 사진 좀 찍어도 될까요?"

할아버지는 냉정한 눈빛으로 째려보며 "가게 안에서는 촬영 금지야" 하고 반말로 툭 던졌습니다. 음, 이분이 바로 '일본판 욕쟁이 할아버지'인가 싶었어요. 일본 사람들은 워낙 친절해서 이런 경우는 처음이었거든요. 그래서 우리는 아주 몰래몰래 가게 내부를 찍었습니다. 그러다가 다시 슬쩍 "저, 저희 사진 좀 찍어 주시면 안 될까요?" 그랬더니 "아, 이거 안 되는데" 하면서 우리의 카메라를 가지고 가셨습니다.
"둘 다 나와야 하는 거야?"
당연한 말씀을 하시는 할아버지.
"네."
"여기서 찍으면 둘 다 나올 수 없잖아."
툴툴 짜증내는 할아버지, 침묵하는 우리들. 그러면서도 자리를 옮겨가며 결국 찰칵 한 컷 찍어주시는 할아버지. 잔뜩 긴장하는 바람에 부들부들 떨며, 할아버지가 건네는 카메라를 받았습니다. 그러자 할아버지, 역시 시크하게 한마디 던지시더군요.
"잘 나왔는지 확인해 봐."
나는 우렁차게 답했습니다.
"넵!"
딱히 잘 나오진 않았지만, 기념으로 받아들였어요. 그러고보니 바쁜 여행 일정 중 가장 느긋한 한때를 그곳에서 보냈네요.

카구라자카는 〈친애하는 아버님께〉라는 드라마로 한국 사람들에게 널리 알려지기 시작했습니다. '아라시'라는 아이돌 그룹의 멤버인 '니노미야 카즈나리'가 출연했던 드라마라서, 이곳에 들르는 건 팬들에게는 성지순례나 마찬가지라고 하네요.

이 동네는 매우 한적합니다. 마치 교토처럼 오래된 향이 풀풀 풍깁니다. 과거에 고급 요정이 즐비했던 곳이라서 더 그런 듯합니다. 프랑스 대사관이 있어서 프랑스 문화 또한 공존합니다. 골목마다 일본 음식점이나 프랑스 레스토랑이 있죠. 복잡한 골목이 계속 이어져서, 돌아다닐 때마다 숨은 가게를 만나는 재미가 있습니다. 정말 느긋하게 돌아다니기 좋은 곳이지만, 반대로 쉽게 지루해질 수도 있는 곳이랍니다.
카구라자카에 대한 얘기를 주고받으며 꽤 오랜 시간을 '커피미학'에서 보냈습니다. 1년 전에는 밤늦게 와서 생맥주에 해물꼬치 요리만 먹고 떠나야 해서 아쉬웠거든요.

'커피미학'의 조그만 나무판에는 오늘의 커피가 쓰여 있었습니다. 저 나무판은 주인할아버지가 만든 걸까. 저 무뚝뚝한 할아버지가 이렇게 아기자기하게 가게를 꾸민 걸까.
전 우리 동네를 떠올렸습니다. 5분에 하나씩 눈에 띨 정도로 온갖 커피전문점이 몰려 있어서, 우리 동네 사람들이 이렇게 커피를 좋아하나 싶을 정도죠. 저도 사람을 만날 때면 커피전문점을 찾지만, 너무도 많은 똑같은 간판을 보면서 아쉬움을 감출 수가 없었습니다.
저는 천편일률적인 인테리어와 메뉴밖에 없는 커피전문점 말고 각자 개성을 지닌 작은 커피집이 많으면 좋겠습니다. 그런 가게가 힘 있는 다른 이들 때문에 점점 사라지는 게 너무도 아쉽고 화도 납니다.
오사카에서 묵었던 호텔 앞에는 구멍가게 같은 커피집이 있었습니다. 그 가게가 파는 건 오직 커피와 담배뿐. 한 잔에 100엔 정도였나. 어쨌든 가격이 지극히 저렴해서 동네 주민이나 출근하는 회사원, 노동자가 한 잔씩 마시고 가는 그런 분위기의 집이었어요. 내부는 정말 허술한 곳이었지만, 이런 가게가 있으면 동네 거리 풍경이 얼마나 재밌을까 하고 생각했답니다.
'커피는 순간의 미학'이라는 마음가짐으로 커피를 만드는 커피장인. 사실 커피맛보다는 그냥 분위기에 취해버렸던 오후. 친구와 '커피미학'을 나서면서 이런 얘기를 나눴습니다.
"역시 주인은 늙어야 해."

저는 미학이 담긴 순간을 마시고 왔다, 라고 믿고 싶습니다.

그렇군. 인간의 시계는, 너무 빠르지.

산토리 올드

산토리 올드
숲의 시계는 시간을 잊게 합니다.
시간 가는 걸, 시계 보는 걸 잊게 합니다.

매체 | 인쇄광고
소재 | 위스키

'하지만, 숲의 시계는 시간을 천천히 새긴다.'

숲의 시계(森の時計), 홋카이도의 후라노 프린스호텔 쪽 산길에 자리한 산장 같은 느낌의 카페. 후라노에서 뭘 하고 놀아야 잘 놀았다고 소문이 날까, 생각하다가 가게 된 곳. 〈자상한 시간〉이라는 일본드라마의 촬영지. 드라마를 보면서, 저런 곳이 있었으면 정말 좋겠다 했는데, 실제로 존재한다는 걸 안 이상, 사실 망설일 이유는 없었습니다. 버스는 어이없게 6시가 되기 전에 막차가 끊깁니다. 해가 떠 있을 동안, 최대한으로 움직여야 했죠. 다음 버스가 한 시간이나 뒤에 온다는 말에 택시를 탔습니다.
"어디로 갈까요?"
"프린스 호텔 앞. 아, 혹시 '숲의 시계'라는 곳 아세요?"
"아하하, 알지요."

택시는 위험한 눈길을 달렸습니다. 두근두근. 조마조마. 위험한 눈길 위를 달려서도 아니고, '숲의 시계'로 간다는 설렘 때문도 아니었습니다. 일본의 비싼 택시비 때문이었어요.
"여기서 내려서 걸어가세요. 저기 걸어가는 두 사람 보이죠? 따라가면 나와요. 아, 내릴 때 미끄러우니까 조심하세요."
저는 미끄러운 것은 질색이라, 눈을 싫어합니다. 물론 갓 내린 눈은 좋아요. 제가 싫어하는 건 사람의 발길에 닿고 닳아 제 색깔을 잃어버린 눈입니다. 다행스럽게도 숲인 데다가 눈이 끊임없이 펑펑 쏟아지고 있어서, 그곳은 내가 좋아하는 갓 내린 눈이 잔뜩 쌓여 있었습니다. 그래서 그런지 방심하다가 저는 세 시간 뒤에 기가 막히게 넘어지고 말았죠.

"어서 오세요."
벽난로 앞에 앉을까 하다가, 〈자상한 시간〉 속 후라노 주민들이 마스터와 늘 수다를 떨던 바에 앉았습니다.
"저, 여기 원두 직접 갈아봐도 되죠?"
"물론이죠."
이곳은 자신이 마실 커피의 원두를 직접 갈게 합니다. 그리고 마스터에게 다 간 원두를 주면, 그는 그릇에 원두 가루를 담아 건네주며 말하죠.
"향기를 즐겨주세요."
그렇게 원두의 향기를 즐기고, 향긋한 커피를 마시고, 맛있는 케이크 두 조각을 먹었습니다. 케이크의 이름은 '첫눈'과 '내린 눈'이었어요. 마스터의 등 뒤론 커다란 창이 있고, 그 창에는 눈이 내리는 숲이 실시간으로 상영되고 있었습니다. 스피커에선 〈자상한 시간〉의 주제가가 계속 흘렀어요. 벽난로에선 장작이 지글지글 타고 있었고요. 일본인 할아버지도 우리처럼 자리에서 일어나 연신 카메라 셔터를 눌러댔습니다. 저희 다음에 들어온 아버지와 아들도 역시나 카메라를 손에서 놓지 못하더군요.
저는 가게 내부를 주의 깊게 둘러봤습니다. 벽에 액자 하나가 걸려 있었어요. 거기에는 드라마에도 등장했던 그 문구가 쓰여 있었습니다.
'숲의 시계는 시간을 천천히 새긴다.'

인간의 시계는 너무 빠르다, 라고 산토리 올드 광고는 말합니다. 그 카피가 아니었어도 우리는 늘 시간이 빨리 흘러간다는 걸, 사실은 알고 있습니다. 옛 친구를 만날 때, 계절이 바뀔 때, 한 해가 넘어갈 때, 사진을 볼 때, 회사에서 영수증을 정산할 때마다 아, 난 그동안 도대체 뭘 했기에 이렇게도 시간이 빨리 흐른 걸까, 생각하며 한숨짓곤 합니다. 그렇게 시간이 빨리 흘러간다는 걸 깨달았다면, 다음엔 시간을 덜 낭비할 것 같지만 우리는 우습게도 전과 다름없이 삽니다. 그리고 또다시 후회합니다.
삶의 방향이나 생활의 버릇, 우리가 살아가는 속도는 쉽게 변하는 것이 아닙니다. 그리고 시간은 우리가 그것을 고려할 수 있을 만큼의 틈을 주지 않습니다. 촘촘한 시곗바늘만큼이나 좁은 마음을 지녔습니다. 시간은 우리를 무시하고 그저 흐르기만 합니다. 세상에서 제일 엄격하게 말이죠.

그렇다면 일상의 시계와 달리 숲의 시계는 조금이라도 넓은 마음을 지닌 걸까요. 〈자상한 시간〉이란 드라마의 제목은 그래서 탄생한 것은 아닐까요. 지금 시간은 나에게 자상함을 베풀고 있는 것은 아닐까. 이렇게 아무것도 하지 않고 창밖만 바라보고 있는 순간이, 조금도 아깝지 않으니. 이렇게 커피향만 맡고 아무 생각 없이 있는 순간이, 낭비라고 느껴지지 않으니. 나는 분명 이 시간을 회사에서 아무 생각 없이 보내는 순간보다, 후회하지 않을 것이니.
사람에게 여행이 필요하다는 말이 단순히 바쁜 일상을 벗어나기 위함이 아니라 시간을 갖게 하기 위해서란 걸 슬쩍 깨닫게 된 것 같습니다. JR의 예전 광고 카피처럼, 사람에겐 미아가 될 시간이 필요한 거니까요.

갑자기 드라마 속 마스터처럼 곱게 늙은 마스터가 눈의 결정이 담긴 액자를 내게 보여주며 기념으로 사는 것이 어떻겠느냐고 물었습니다. 드라마에 등장한 소품이었죠.

"난 사기로 했어."

동네 주민이 갑자기 끼어들어 말했습니다. 전 마치 〈자상한 시간〉 속 등장인물이 된 기분이 들었어요.

어둠이 찾아왔습니다. 막차 시간이 다가왔습니다. 우리는 카페를 나서면서도 카메라를 내려놓지 못했습니다. 저는 돌아가는 길에 힘차게 넘어지고 말았습니다. 주섬주섬 일어나 아픈 몸을 이끌고 겨우 버스정류장에 도착해서 시간을 확인했습니다. 이런, 숲의 시계가 시간을 느리게 한 줄 알았는데, 그게 아니었어요. 그렇게 시간이 많이 흐른 줄 몰랐어요. 숲의 시계는 시간을 잊게 합니다. 시간 가는 걸, 시계 보는 걸 잊게 합니다. 그래서 시간이 천천히 흐른다고 착각하게 하는 것 같습니다. 물론 그건 시간 낭비가 아니었습니다. 시간이 간만에 제게 베푼 배려라고 생각하고 싶습니다.

카메라를 샀더니
낯선 곳으로 떠나고 싶어졌다.

이 마을에 내리는 눈은
도쿄에 내리는 눈보다 따뜻하게 느꼈다.

도호쿠 대륙으로부터.
JR히가시니혼

JR히가시니혼
삿포로에선 느낄 수 없는, 낯선 풍경.
저는 또 그 폭설을 만나고 싶어졌습니다.

매체 | TV 광고
소재 | 기차여행

짜릿하고 따뜻하게

그것은 재난이었습니다.

눈을 보겠다고 떠난 홋카이도지만 이런 재난을 만날 줄은 몰랐지요. 정말 생각 이상으로 눈이 왔기 때문입니다. 그날 밤 숙소로 돌아가 본 뉴스에선 12월 중 최악의 날씨였다는 얘기가 줄곧 나오더군요. 우리는 그것도 모르고 하필 그때 눈이 많이 내리는 마을을 찾아 떠났던 것입니다. 사실 눈만 내렸으면 재난이라고 생각하지 않았을 거예요. 심하게 불었던 바람, 그게 문제였지요. 눈을 뜰 수조차 없었습니다. 친구가 오늘을 한마디로 표현해 보라고 해서 전 이렇게 말했습니다. "눈이, 눈을 먹는다."

기차 안에서 바라본 풍경은 무척이나 아름답고 낭만적이었지만, 비에이 역에 내린 순간, 우리는 심상치 않은 기운을 느꼈습니다. 마을은, 전혀 과장하지 않아도 말 그대로 정말 예뻤습니다. 눈에 뒤덮인 아름다운 시골. 하지만 이상하게도 거리에는 사람이 없었습니다. 텅 빈 거리를 아무리 걸어도 사람은 전혀 보이지 않더군요. 눈은 정말 미친 듯이 왔고, 그칠 줄을 몰랐습니다. 이렇게 산책하듯 길을 계속 걷다간, 조난당할 것 같은 그런 분위기.

여기도 하얗고, 저기도 하얗고, 세상이 온통 하얘서, 사진을 찍고 싶어도 카메라 초점을 맞출 수 없었습니다. 눈이 내린 산과 폭설이 내린 도시에서는 느낄 수 없는 그런 느낌. 눈이 내린 평원과 언덕, 끝이 보이지 않는 풍경, 흐린 하늘과 땅의 경계를 나눌 수 없는, 그런 곳. 저는 사실 그 순간 눈에 압도당했습니다. 무서웠어요. 세상 모든 것이 완벽히 하얗다는 건, 그리고 거기에 사람이 없다는 건 약간 공포스럽더군요. 우리는 언덕을 넘으려고 나섰다가, 조난당할 것 같은 두려움에 결국 다시 상점가로 돌아왔습니다.

한참을 눈 속에서 헤매다 지친 우리는 어딘가로 들어가서 쉬고 싶어졌습니다. 그럼에도 또 한참을 거리에서 방황했어요. 후라노의 산장 같은 카페에서 커피를 마신 뒤론 그 정도의 운치가 느껴지지 않는 카페는 왠지 들어가기 싫어졌거든요. 그런 재난 속에서도 가게를 고르며 다녔던 것이죠. 그러다 우연히 멈춘 오두막 카페. 주인이 눈을 치우려는 듯 밖에 나와 있었습니다.

우리가 멍하니 그 집을 바라보고 있었더니, "많이 춥지요?"라고, 마스터가 말을 걸었습니다.
"네, 춥네요."
저는 머뭇거리다가 물었습니다.
"혹시 여기 케이크 파나요?"
한참 돌아다니느라 지친 우리는 단 걸 먹고 싶었거든요.
"아, 케이크는 안 파는데……."
우리는 잠시 좌절했다가 "팬케이크는 있어요"라는 마스터의 대답에 뛸 듯이 기뻐했습니다.
"그거라도 좋아요."

두 명의 눈사람은 가게로 들어가 다시 사람이 되었습니다. 가게는 작았지만, 우리가 바라던 운치가 있어서 좋았습니다. 동네 주민으로 보이는 남자 한 사람만 앉아서 커피를 마시며 책을 읽고 있었어요. 작은 가게다보니 자리가 많지는 않았습니다. 마스터는 단체석을 가리키며 말했죠.
"5시부터 파티가 있는데, 지금은 3시니까 괜찮아요. 저기 앉아요."
파티라. 동네 사람들이 모여서 노나?
"어디서 왔어요?"
"한국이요."
"아, 한국."
마스터가 참 멋있게 생겼다 싶었는데, 친구가 말했어요.
"배철수 닮았다."
어머, 가만히 보니 정말 배철수를 닮았어요. 멋있게 나이 든, 그런 마스터였죠.
곱게 장식한 팬케이크를 먹으며 언 몸을 녹였습니다.
"많이 춥지요?"
"추운 것보다도, 눈이 엄청 오네요. 원래 이 정도 오나요?"
"이건 그냥 시작일 뿐이에요."

마스터와 간간히 담소를 나누고 있는데, 동네 주민 세 명이 들어왔습니다. 음식을 바리바리 싸들고 있었어요.
"도와주러 왔어요."
아, 파티를 도와주러 온 거구나. 그들이 들고 온 음식을 보니, 이 카페에는 없는 듯한 음식이었어요. 거기에 냄비와 채소까지. 아, 나베 요리를 해먹으려는구나.

문득 그런 생각이 들었습니다. 그곳 사람들은 언제나 그렇게 혹독한 재난을 만납니다. 그러니까 당황하지 않아요. 일상이니까요. 눈은 생활이지 이벤트가 아니죠. 늘 이렇게 추울 것이고, 늘 이렇게 하얀 풍경을 볼 겁니다. 눈이 무섭다거나 눈에 압도당하지 않을 겁니다. 그리고 이렇게 사람들끼리 모여 앉아 겨울을 보내겠죠. 모여 앉아 나베 파티를 할 겁니다. 사람이 많은 것만큼, 따뜻한 것은 없으니까요.

우리는 그 파티에 끼고 싶었지만, 기차 시간 때문에 얼른 길을 나서야 했습니다. 오두막 카페에는 문 앞에 메뉴가 걸려 있었습니다. 죽 나열된 요리 이름 끄트머리에는 이렇게 쓰여 있었어요.
'재즈는, 어떠세요?'
음, 역시 마스터는 일본의 배철수였네요.

우리는 비에이초등학교로 향했습니다. 잠시 운동장에서 놀다가 상점가로 다시 돌아오자, 낮에는 텅 비었던 거리에 사람들이 하나 둘 나오고 있었습니다. 눈을 치우러 말이죠. 눈 치우는 것 또한 늘 하던 일. 기차 안에도 있었고, 집집마다 하나씩 걸려 있을 도구를 들고 나와서 묵묵히 눈을 치우는 사람들.

저는 JR광고의 카피가 사실로 느껴졌습니다. 도쿄에서 내리는 눈보다 이곳의 눈이 더 따뜻하다는 카피 말이죠. 많지 않은 사람들끼리 모여서 함께 눈을 이겨내고 있으니까요. 방한용품이 발달했기 때문이 아닙니다. 겨울의 문화가 살아 있기 때문이죠.

저는 늘 여름보다 겨울이 더 좋았습니다. 홋카이도에 가서야 그 이유를 알게 된 것 같습니다. 여름은 더워서 누군가의 체온이 필요할 일이 없지만, 겨울은 사람이 그리워집니다. 앙상한 나무, 하얀 눈 속, 쓸쓸해지는 마음……. 무작정 사람이 필요하게 됩니다. 사람이 얼마나 따뜻한지를 알게 됩니다.

이 동네주민들이, 그것을 알고 서로 모여서 음식을 만들고 나누며 이야기 꽃을 피우고 있는 거라면, 정말 이곳의 눈은 그 어느 곳에 내린 눈보다 따뜻할 것 같습니다.

삿포로에선 느낄 수 없는, 낯선 풍경.
저는 또 그 폭설을 만나고 싶어졌습니다.

시대가 바뀌어도
라거는 변하지 마라.

기린 라거 클래식

기린 라거 클래식
아무도 변하지 않았으면 좋겠습니다.
모두가 지금처럼 내 곁에 있었으면 좋겠습니다.

매체 | TV 광고
소재 | 맥주

추석이나 설날에
고향 찾아가는 행사는 변하지 말았으면 좋겠다.

음악에 인생을 걸었다는 철부지 어른들이
계속 철들지 않았으면 좋겠다.

길가에 빨간 우체통이
내가 가는 길을 늘 지켜봐줬으면 좋겠다.

5월은 언제까지나 가정의 달이었으면 좋겠다.

갈수록 입시가 중요해진다고 하지만
여름방학이 사라지지 않았으면 좋겠다.

컴퓨터 게임이 아무리 재미있다 해도
아이들은 밖에서 뛰어 놀았으면 좋겠다.

새우깡과 초코파이와 죠스바는
내가 죽은 후에도 계속 있었으면 좋겠다.

봄, 여름, 가을, 겨울
모든 계절이 빠짐없이 제 역할을 했으면 좋겠다.

컴퓨터가 아무리 발달한다 해도
종이책은 계속 나왔으면 좋겠다.

헌책방이 언제까지나 있었으면 좋겠다.

3D 애니메이션도 물론 좋지만
2D 애니메이션도 꾸준히 나왔으면 좋겠다.

레코드 가게가 사라지지 않았으면 좋겠다.

세상에는 변하지 않길 바라는 것이 꽤 많습니다.
변화가 모든 것의 정답인 것은 아닙니다.
새로운 것이 마냥 좋은 것만은 아닙니다.
세상에 휩쓸리지 않고 변하지 않는 것이 더욱 힘들지도 모릅니다.
그렇게 변화를 거스르는 이들의 모습이
더욱 대단하게 느껴지는 건 제가 나이가 들어서일까요?

세상에는 변하지 않길 바라지만,
신의 뜻에 따라 변할 수밖에 없는 게 있습니다.
누구도 막을 수 없는 변화라는 것을 알면서도
늘 바라게 됩니다.

저는
엄마, 아빠가 나이를 먹지 않고
지금 이대로였으면 좋겠습니다.

우리 강아지가 나이 들어서도
건강하게 계속 장난꾸러기였으면 좋겠습니다.

아무도 변하지 않았으면 좋겠습니다.

모두가 지금처럼 내 곁에 있었으면 좋겠습니다.

징글벨을 울리는 것은
돌아오는 당신입니다.

JR토카이 크리스마스 익스프레스

JR토카이 크리스마스 익스프레스
산타할아버지에게.
크리스마스엔 사람을 선물로 주세요.

매체 I TV 광고
소재 I 특별열차

짜릿하고 따뜻하게

나의 촛불에 불을 켜는 것은,
돌아오는 당신입니다.

어떤 일이 있어도
당신을 만나고 싶은 밤이 있습니다.

모두 JR토카이 크리스마스 익스프레스의 카피입니다. 야마시타 타츠로의 음악이 흐르면 광고 속의 여자들은 역에서 뛰거나 기다리거나 설레합니다. '당신'을 만나는 크리스마스니까요.
크리스마스 익스프레스는 멀리 떨어진 소중한 사람을 '이날만큼은' 함께 보내라고 운영되는 특별한 기차입니다. 한정판을 사랑하는 일본인들에게 JR에서 주는 '크리스마스 한정의 만남' 선물이죠. 물론 이 기차를 이용하는 모든 사람들이 굳이 그런 만남을 위해서만 타진 않겠죠. 광고는 기차의 로망, 혹은 크리스마스의 로망을 보여줄 뿐입니다.
광고의 모든 것이 진실은 아니지만, 진실이라고 믿고 싶은 것이 있잖아요. 저는 저 카피에 담긴, 크리스마스를 누군가와 보내고 싶다는 '크리스마스의 소망'은 진실이라고 믿고 있습니다.

어떻게 보내는 크리스마스가 가장 행복할까요? 어릴 때라면 아마 누구나 똑같았는지도 모릅니다. 적어도 저와 제 동생은 그랬던 것 같습니다. '어떤 선물을 받을까' 바로 이것. 어린이들에게 크리스마스는 곧 산타할아버지고, 산타할아버지는 곧 선물이니까요.

하지만 나이가 들면서 기준은 점점 더 복잡해집니다.
역시 크리스마스는 시끌벅적해야 하니까, 수많은 사람이 크리스마스를 뜻깊고 즐겁게 보내겠다고 쏟아져 나오는 거리로 나가야겠어.
혹은 역시 크리스마스는 특별해야 하니까, 예쁜 트리가 있는 좋은 레스토랑에서 맛있는 음식을 먹어야겠어.
아니면 역시 크리스마스는 따뜻하게 보내는 게 제일이니까, 밖으로 나가 봤자 사람들 많고 음식도 비싼데 케이크를 사다가 집에서 조용히 보내야겠어.
이렇게 각자 다른 기준으로 크리스마스를 보내겠지요.

근데 단 하나의 공통점이 있더군요. 나의 크리스마스를 행복하게 하는 것은, 당신과 있다는 것입니다. 여기서의 '당신'은 연인이겠죠. 혹은 친구, 혹은 가족일 겁니다. 즉, 소중한 사람. 내가 사랑하는 사람입니다.
나이가 들면서 기준은 이렇게 변해갑니다. 산타가 주는 선물이 아니라, 누가 나의 산타가 될 것인가, 혹은 내가 누구의 산타가 될 것인가가 얼마나 좋은 크리스마스를 보냈는가의 척도가 되어갑니다. 산타에게 바라는 선물 또한, 물건이 아니라 사람이 됩니다.

나온 지 오래되어서 어찌 보면 지금 세대에게는 먹히지 않을 광고를 보면서, 마음이 쿵 하고 내려앉은 것은 저 카피 때문입니다.
제 크리스마스는 캐롤이나 기가 막히게 멋진 트리로 완성되지 않습니다.

함께 보내는 사람이 만들어주는 것입니다. 그 사람이 무엇을 해주느냐는 역시 전혀 중요하지 않습니다. 그냥 이날만큼은 어떤 일이 있어도 함께 있어주기만 하면 됩니다. JR광고는 그걸 무척이나 잘 알고 있네요. 그래서 마음이 내려앉아버렸습니다. 조금 아팠습니다.

산타할아버지에게.
크리스마스엔 사람을 선물로 주세요.

짜릿하고 따뜻하게
ⓒ 이시은 2011

| **1판 1쇄 발행** 2011년 4월 8일
| **1판 8쇄 발행** 2023년 6월 30일

| **지은이** 이시은
| **사 진** 이병률 이상순

| **편 집** 변규미 이희숙 박선주
| **마케팅** 정민호 박치우 한민아 이민경 정경주 박진희 정유선 김수인
| **브랜딩** 함유지 함근아 김희숙 고보미 박민재 정승민 배진성
| **제 작** 강신은 김동욱 이순호

| **펴 낸 이** 이병률
| **펴 낸 곳** ㈜달
| **출판등록** 2009년 5월 26일 제406-2009-000034호

| **주   소** 10881 경기도 파주시 회동길 455-3
| **전자우편** dal@munhak.com
| **전화번호** 031-8071-8683(편집) 031-955-8890(마케팅) | **팩스** 031-8071-8672

ISBN 978-89-93928-28-0 03810

● 이 책의 판권은 지은이와 (주)달에 있습니다.
  이 책 내용의 전부 또는 일부를 재사용하려면 반드시 양측의 서면 동의를 받아야 합니다.
  달은 (주)문학동네의 계열사입니다.

● 이 책에 실린 광고와 카피 관련 저작권 문의는 출판사로 연락주시기 바랍니다.

● 이 도서의 국립중앙도서관 출판시도서목록(CIP)은
  서지정보유통지원시스템 홈페이지(http://seoji.nl.go.kr)와
  국가자료공동목록시스템(http://www.nl.go.kr/kolisnet)에서 이용하실 수 있습니다.
  (CIP제어번호: CIP2011001391)